Bianca Stücker

Zu viel Lob ist auch nicht gut!

Ansichten einer Anachronistin

Bibliografische Information
der Deutschen Nationalbibliothek:
Die Deutsche Nationalbibliothek verzeichnet diese
Publikation in der Deutschen Nationalbibliografie;
detaillierte bibliografische Daten sind im Internet über
http://dnb.dnb.de abrufbar.

Herstellung und Verlag: BoD – Books on Demand,
Norderstedt

ISBN: 978-3-7386-3581-2

Inhalt

Vorrede I

»Die anderen Damen tanzen, aber Frau Doktor Stücker sieht aus, als ob sie in Pfützen hüpft«, meldete meine Freundin Lisa, Chefin des Malsaales des Staatstheaters Stuttgart, nachdem sie das Video der in einer Bühnengruppe tanzenden Frau Stücker gesehen hatte. Wie die Doctora tanzt, so schreibt sie auch: Hüpfend.

Nicht mit dem ganzen Körper, aber mit dem Geist. Denn der sucht sich – er ist ja auch in Hamm in Westfalen eingesperrt – selbst in den kleinsten Dingen seine Wunderlichkeiten, Wundersamkeiten und … Wunder. Die daraus entstandenen Kolumnen, die Frau Stücker seit vielen Jahren für das regionale Blatt »WILLI« verfasst, sind unheimlich nah und doch sehr fern. Im Kleinkosmos der neuerdings wieder im Guten so genannten ›Heimat‹ reißt nicht das Gefälle zum Fleisch essen an sich oder Sprücheklopfen über schlechte JägerInnen beim Ausflug ins vegane Restaurant ein Loch in die betongraue Wirklichkeit, sondern loriotsche Kommunikationsgrotesken, die auch in jedem anderen Restaurant entstanden wären.

Das Ganze ist dabei so fein und kurzromanhaft destilliert wie ein täglicher Zeitungscomicstrip. Das Personal darin kann jederzeit wiederkehren, und die Reisen gehen höchstens mal nach Oberhausen, Stade und zum örtlichen Hausarzt. Doch niemals, kein einziges Mal, schleichen sich dabei fade Witze oder flache Unbedachtheiten ein. Frau Stücker hüpft stattdessen wie in Pfützen zwischen einer großen Margherita, einer kleinen Kneipe und Blumentöpfen mit Strom umher.

Warum die Kolumne »Ansichten einer Anachronistin« heißt, weiß Frau Stücker selbst nicht mehr. Sie ist ja auch nicht mehr die Jüngste. Dennoch: Wenn es früher mal so luftig, lustig, leicht und einschmeichelnd irre zuging wie in den von Frau Doktor geschilderten Welten, dann wäre ich gerne ein Anachronist.

Wie schön, dass es sie hier gibt: Gute Geschichten mit Charme und Meise.

Mark Benecke,
August 2015

Vorrede II

Genau, WILLI heißt es, das traditionellste, legendärste und subversivste »Kulturmagazin für Alphabeten im Großraum Hamm«, dessen Geschichte bis in das vergangene Jahrtausend zurückreicht.

Herausgegeben wird es seit jeher von Reinhard Bialas, der es bislang niemals versäumte, den WILLI pünktlich zum Monatsanfang auszuliefern.

Dazu passt gut, dass auch ich es bislang niemals versäumte, die »Ansichten einer Anachronistin« pünktlich abzuliefern. Zwei zwanghafte Naturen, das ergänzt sich natürlich tipptopp!

Mit der vorliegenden Kuriositätensammlung aus zirka sechzehn Jahren Unfug & Quatsch möchte ich mich also nicht zu knapp bei dem Mann bedanken, der mir as early as 1999 Geld für Ausgedachtes zusteckte. Cool! Ich würde sagen: Weiter so!

Ferner möchte ich mich bei meinem Vater bedanken, dessen Worten man nur ganz selten etwas hinzuzudichten braucht. In dieser Eigenschaft stehen ihm Dr. P. und Chelsea kaum nach, wie man beim Durchlesen der unzeitgemäßen Ansichten unweigerlich feststellen wird. Wenn man solche Freunde hat, braucht man kein Fernsehen mehr! Obwohl, doch, manchmal schon. Aber selten!

In diesem Sinne!

Bianca Stücker,
August 2015

Kann man immer brauchen: Humor und Heiterkeit!

Zu viel Lob ist auch nicht gut!

Einmal im Jahr gehen wir essen.

»Da bin ich ja mal gespannt«, sagte mein Vater und blickte interessiert umher.

Wir befanden uns anlässlich seines Geburtstags in einem veganen Restaurant.

»Das ist ja ganz schön voll«, fand er, »für einen Mittwochabend!«

Um uns herum saßen und speisten zahlreiche Gäste.

»Ist das bei Ihnen hier immer so gut besucht?«, erkundigte mein Vater sich bei dem Kellner, der uns sehr freundlich begrüßte.

»Ja«, erwiderte der Kellner und lächelte geschmeichelt, »wir waren ja auch letztens im Fernsehen, da kommen schon so einige Leute.«

»Das hab ich gehört«, bestätigte mein Vater voll auf dem Laufenden.

Wir gaben unsere Bestellung auf. Neugierig warteten wir auf die Gerichte.

»Ich bin ja wirklich mal gespannt«, wiederholte mein Vater, »auf das Schnitzel!«

Zuerst gab es jedoch selbstgebackenes Brot mit Aioli. Mein Vater und mein Mann hauten richtig rein.

»Lecker!«, fand mein Vater.

Dann traf der Hauptgang ein. Mein Mann hatte den Vegan-Burger XXL gewählt, ich Nudeln mit Spinat und täuschend echt wirkendem Seitan-Lachs. Unternehmungslustig hieb mein Vater seine Gabel in die Panade und probierte einen Bissen.

»Das Schnitzel ist in Ordnung», befand er, »kann man essen!«

»Der Burger ist auch super«, lobte mein Mann.

»Die Nudeln auch«, schloss ich mich an.

Der Lachs war an Wirklichkeitstreue tatsächlich kaum zu überbieten, es war beinahe ein bisschen verstörend.

»Nur die Pilzsauce«, fand mein Vater doch noch einen Missklang in seiner Speise, »ist etwas salzig.«

»Also, bei mir ist alles in Ordnung», bekräftigte mein Mann.

»Bei mir auch«, stimmte ich zu.

»Die Sauce ist versalzen«, urteilte mein Vater mit Bestimmtheit, »Herr Ober!«

Ich ahnte bereits Schlimmes und erwog, das Klo aufzusuchen. Doch da erschien auch schon der freundliche Kellner.

»Könnte ich noch ein Weizen bekommen?«, fragte mein Vater höflich.

»Gern«, sagte der Kellner.

Ich war erleichtert, aber dieser Zustand währte nicht lang.

»Das muss man ja eigentlich sagen«, überlegte mein Vater laut, »damit ist ja keinem geholfen, wenn man es nicht sagt! Da meinen sie es gut und denken, sie hätten alles richtig gemacht«, führte er aus, »aber die Sauce war versalzen! Es kommt natürlich darauf an«, fügte er hinzu, »wie man es sagt.«

Da ich meinen Vater schon mein ganzes Leben lang kenne, bekam ich bereits im Voraus Mitleid mit dem armen, freundlichen Kellner.

Allmählich wurde es Zeit, das Dessert zu ordern. Als der Kellner an unserem Tisch auftauchte, hätte ich mich gern vorübergehend entmaterialisiert.

»Und«, fragte er, »hat es geschmeckt?«

»Doch«, antwortete mein Vater, um ihn zunächst in Sicherheit zu wiegen, bevor er zum vernichtenden

Schlag ausholte, »aber die Sauce war versalzen! Da war der Koch wohl verliebt, haha«, scherzte er munter.

Der Kellner erbleichte.

»Das gebe ich natürlich sofort weiter«, versicherte er unglücklich.

»Also, bei mir war alles super«, versuchte ich ihn aufzuheitern.

Doch der Kellner zählte eindeutig zu den Menschen, die sich immer nur das Schlechte merken. Mein Vater hatte ihn innerlich verwüstet.

»Deins war doch auch super«, erinnerte ich meinen Mann, »das hättest du doch noch mal sagen können!«

»Nicht gemeckert ist wie gelobt«, behauptete jener, »außerdem hab ich es doch schon gesagt!«

»Die Sauce war jedenfalls versalzen«, beharrte mein Vater.

»Aber das Aioli fandest du auch lecker«, warf mein Mann ein.

»Aioli?«, fragte mein Vater irritiert.

»Das Knoblauchzeug«, half mein Mann ihm auf die Sprünge, »mit dem Brot! Das war das beste Aioli, das ich je gegessen habe!«

»Aioli«, wiederholte mein Vater nachdenklich, »das Wort hab ich noch nie gehört!«

»Dann sag das doch dem Kellner gleich noch mal«, regte ich an und knuffte meinen Mann in die Seite.

»Nein«, blieb er stur, »zu viel Lob ist auch nicht gut.»

»Blödsinn«, sagte ich.

Da näherte sich der Kellner mit dem Nachtisch, er wirkte ängstlich.

»Was ich noch sagen wollte«, begann mein Vater, »mein Schwiegersohn findet, Ihre Knoblauchcreme ist die beste, die er je gegessen hat!«

Der Kellner freute sich. Aber nur so lange, bis er die Rechnung brachte. Mein Vater betrachtete sie sinnend und konzentriert.

»Alles in Ordnung«, stellte er schließlich fest.

So ganz behagt hatte ihm der Ausflug in das vegane Leben jedoch nicht.

»Nächstes Mal«, beschloss er, »gehen wir wieder in die Pizzeria!«

Keine Pizzeria, aber bestimmt auch schön!

Sauna ja, Filzschlappen nein!

»Also, ich würde hier kein Handtuch hinhängen«, sprach mein Vater unaufgefordert einen Rat aus und rümpfte verächtlich die Nase, »hygienisch ist das ja nicht gerade!«

In meinem kleinen Studio, in dem vornehmlich gepflegte Damen ein und aus gehen, die gern tanzen oder singen oder beides, befanden sich bis vor Kurzem im Bad zwei rosa Handtücher.

»Wieso nicht?«, fragte ich arglos, doch in Wahrheit ahnte ich es schon.

»Wenn sich da alle die Hände dran abtrocknen«, erläuterte mein Vater, »verteilen sich doch die ganzen Keime!«

Innerlich stimmte ich diesem Einwand bereits voll und ganz zu, denn ich bin sehr empfänglich für Paranoia aller Art.

»Aber«, versuchte ich es dennoch mit etwas Logik, »die Leute waschen sich ja vorher die Hände. Bevor sie sie abtrocknen.«

»Das ist kein Argument«, ließ mein Vater sich nicht aus dem Konzept bringen, »ich würde die Handtücher jedenfalls nicht benutzen wollen!«

Mein Vater will auch nicht die Filzschlappen benutzen, die für Gäste vorgesehen sind. Da im Tanzraum häufig barfuß geübt wird, müssen sich die Studiobesucher unterrum freimachen und in Socken reinkommen. Falls ihnen das zu kalt ist, stehen die schönen Schlappen zur Verfügung, die sich im Hausflur in zwei ebenfalls aus Filz gewirkten, an der Wand angebrachten Behältern befinden, auf denen »Für Freunde« steht. Ich finde das eine sehr gastfreundliche Idee, sie schützt vor Verkühlung, Blasenentzündung, Nierenbeckenentzündung usw. Top! Mein Vater jedoch ist anderer Ansicht.

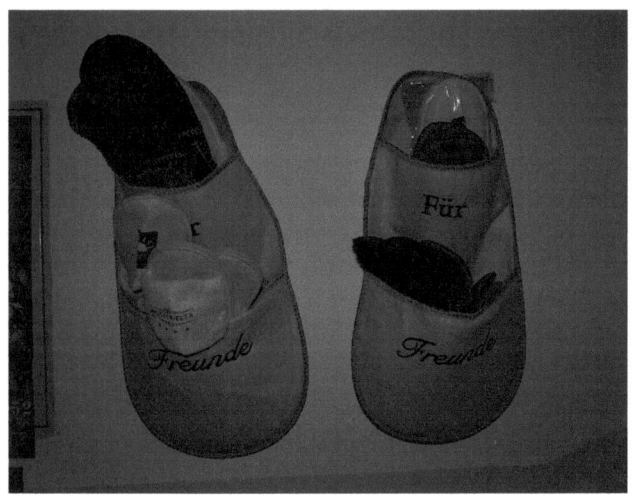

Einladend: Für Freunde!

»Ich muss jetzt aber nicht die Schuhe ausziehen«, hatte er bei seinem ersten Besuch gefragt, »oder?«

Dabei sah er aus der Wäsche, als hätte ich ihm eine Stinkfrucht zum Verzehr angeboten.

»Doch«, blieb ich eisern.

»Ich zieh doch jetzt nicht die Schuhe aus», wehrte er sich, »da ist doch nichts dran!«

»Selbstverständlich ist da was dran«, erwiderte ich streng, »guck dir doch mal den Hausflur an!«

Er guckte sich den Hausflur an und schien Zweifel an seiner Aussage zu bekommen.

»Trotzdem«, sagte er schließlich.

»Nee, nee«, beharrte ich, »hier müssen alle die Schuhe ausziehen!«

»Man kann doch nicht verlangen», behauptete er, »dass alle die Schuhe ausziehen!«

18

»In der Sauna wird sogar verlangt, dass man alles auszieht«, entgegnete ich.

Mein Vater schüttelte entrüstet den Kopf und beugte sich zögerlich zu seinen Schnürsenkeln herab.

»Das ist lieb von dir«, probierte ich es mit positiver Verstärkung.

»Die Filzschlappen zieh ich aber nicht an«, erklärte mein Vater entschlossen.

»Meinetwegen«, gab ich zurück, »aber warum nicht?«

»Wer weiß, wer die schon alles anhatte«, sagte mein Vater.

Man sah ihm förmlich an, wie vor seinem inneren Auge plastische Bilder von Pilzerkrankungen und nässenden Geschwüren entstanden.

»Nur die Leute, die hier her kommen«, beruhigte ich ihn.

Schon als Kind hatte mein Vater mir beigebracht, wie man sich in Kaufhäusern und öffentlichen Toiletten zu verhalten hat, wenn man einer Infektion mit schlimmen Krankheiten entgehen möchte.

»Ich mache Türen immer so auf«, sagte er, zog den Jackenärmel ein Stück herunter und schob die Kaufhaustür mit dem bedeckten Handrücken auf, »siehst du? So macht man das! Man weiß ja nicht, wer den Griff schon alles angefasst hat.«

Seitdem frage ich mich jeden Tag aufs Neue, wie so viele Menschen ganz und gar unvoreingenommen nach Türklinken von Arztpraxen, Einkaufszentren und Sparkassenfilialen greifen können. Was macht sie so unbeschwert? Wie überleben sie?

Auch für die Autobahnraststättenklobenutzung bekam ich bereits in jungen Jahren eine detaillierte Anleitung.

»Man nimmt immer eine Packung Tempos mit«, wusste mein Vater, »damit öffnet man die Tür. Und dann«, er machte sich zu Veranschaulichungszwecken an der heimischen Klobrille zu schaffen, »legt man die restlichen Taschentücher so da drauf.«

Gewohnheitsmäßig gehe ich bis heute nicht das Risiko eines Hautkontakts mit einem Gemeinschaftsklo ein. Im Studio gibt es inzwischen einen Spender mit Papierhandtüchern, dessen korrekte Befüllung ich ebenfalls von meinem Vater gelernt habe. (»Die gefaltete Seite muss immer zu dir zeigen, sonst kommen unten die Tücher nicht richtig raus!«) Aber die Filzschlappen sind immer noch da. Und werden gern getragen! Nur eben nicht von meinem Vater.

Als Überraschungsgast in Oberhausen

Man hat es nicht immer leicht. Am liebsten ist man als Künstler ja der Star des Abends, auf den alle warten und der mehr Gage bekommt als alle anderen.

Leider wird diesem Wunsch jedoch nicht immer nachgekommen. Das ist schon mal schlecht. Und manchmal weiß auch nicht jeder im Publikum, wer man ist, was ebenfalls zu Verstimmungen führen kann.

Einmal waren wir, meine eine Band und ich, zum Beispiel unfreiwillig der Überraschungsgast. Wir waren eingeladen worden, beim Bal Noir aufzuspielen, einer Tanzveranstaltung mit Steampunkcharakter, und seit wir mit jener speziellen Band neuerdings Steampunk sind, fühlen wir uns sehr wohl damit, hierzulande wenig Konkurrenz zu haben.

Der Bal Noir fand im Kulttempel in Oberhausen statt, ganz kurz nach Weihnachten und ganz kurz vor Silvester, also zwischen den Jahren, ein guter Termin für eine Band, die gern behauptet, ständig auf Zeitreise zu sein.

»Hallo?«, fragte ein Mädchen, das während unseres Aufbaus vor der Bühne herumlungerte und sich die Szenerie besah, »spielt hier heute eine Band?«

Wir waren bereits ansatzweise verkleidet, mit Zylindern, falschen Wimpern und so weiter, im Grunde also nur schwer mit Roadies zu verwechseln. Unser Bassist hieb funky auf sein Instrument ein, während der Schlagzeuger einen unserer ausgestopften Deko-Füchse originell an einem Beckenständer befestigte.

»Ähm«, antwortete ich, da sich offenbar sonst niemand dazu ermutigt fühlte, »nein, nein, wir sind nur eine Atrappe, haha!«

»Was?«, fragte das Mädchen zurück.

»Eine Atrappe«, wiederholte ich lauter, »wir sind nur eine Atrappe!«

»Nein«, beharrte das Mädchen, »jetzt mal im Ernst: Spielt hier heute eine Band?«

»Ja«, kam der Schlagzeuger mir zur Hilfe.

»Aha«, sagte das Mädchen und betrachtete uns etwas befremdet.

»Wie heißt ihr denn?«, erkundigte es sich schließlich.

»The Violet Steam Experience«, erklärte ich und ahnte schon: Das wird nicht gutgehen, das haut nicht hin. In keinem Fall wird das hinhauen.

»Was?«, fragte das Mädchen.

»The Violet Steam Experience«, wiederholte ich, so deutlich wie möglich, doch es hallte etwas vor dem Bal Noir im Kulttempel in Oberhausen, das lag daran, dass ja noch kein Publikum die Halle füllte und den Schall dämpfte.

»Wie bitte?«, fragte das Mädchen und wandte die linke Gesichtshälfte Richtung Bühne, um zumindest ein Ohr so günstig wie möglich zu positionieren.

»Oder auch Violet«, versuchte ich es mit einer Vereinfachung.

»Was?«, fragte das Mädchen.

»Violet«, erläuterte der Schlagzeuger und hantierte weiter mit dem Fuchs, »wie violett! Wie lila!«

»Ach so«, ging dem Mädchen nun ein Licht auf, »Violet. Das hallt hier so!«

Ich hoffte, dass sie keine weiteren Fragen stellen würde.

»Was macht ihr denn für Musik?«, wollte sie wissen.

»Ähm«, zögerte ich, was sollte man da sagen, wir sind ja jetzt eine Steampunkband, da gab es im Grunde nur eine vernünftige Antwort: »Steampunk!«

Das Mädchen legte argwöhnisch die Stirn in Falten.

Die Leute im Nebel kannte hier keiner!
Foto: Hexana.

»Und wie hört sich das an?«, ließ sie nicht locker.

»Schwer zu sagen«, begann ich mit einer schwachen, ja, schlappen Erklärung, »das hörst du ja gleich, also, wenn du dir das anhören möchtest!«

Das Mädchen nickte bedächtig.

»Ich wusste gar nicht, dass hier heute eine Band spielt«, sagte es.

»Tja«, erwiderte ich ratlos.

Das Mädchen ging davon.

»Was war denn das für eine Frage?«, fragte der Schlagzeuger verdutzt, »ob hier heute eine Band spielt?«

»Ja«, entgegnete ich deprimiert, es ist einfach kein Genuss, nach zirka zwanzig Jahren im Showgeschäft immer noch der Überraschungsgast zu sein, mit dem niemand rechnet, denn man hätte durchaus mit uns rechnen können, »eigenartig, dabei hängen die Plakate hier schon mindestens seit November!«

Auf den Plakaten waren wir schmeichelhaft groß abgebildet.

»Na ja«, sagte der Schlagzeuger, »was solls!«

Das Schöne an ihm ist, dass er immer an allem das Positive sehen kann.

Nach dem Konzert fühlten wir uns dann aber doch willkommen, die Menschen ließen sich mit uns fotografieren, erbaten Autogramme und lobten unsere Darbietung.

»Also, mir hat es gefallen«, sagte der Schlagzeuger, »und immerhin haben wir ein paar CDs verkauft!«

»Eine«, korrigierte ich.

»Na gut, eine«, wiederholte er vergnügt, »aber immerhin!«

Über eine Kneipe zieht man nicht!

Als Pflanzenfresser hat man zahlreiche Vorteile, die auf der Hand liegen, gerade in lebhaften Zeiten wie diesen, wo der Verkehrsteilnehmer ständig kontrolliert wird, der Lebensmittelhersteller jedoch nicht. Als Verkehrsteilnehmer fühle ich mich sicher und behütet, dauernd kommt die Polizei und kümmert sich darum, dass ich niemanden umfahre. Das könnte leicht passieren, ich bin ja immer so in Gedanken.

Man kennt das: Einkaufsliste, Geburtstagsgeschenke, was machen wir eigentlich zu Silvester, da ist rechtzeitige Planung angesagt. Fahrradfahren funktioniert ja von selbst, ganz ohne Beteiligung des Gehirns, ähnlich wie Gehen. Versehentlich übersieht und überquert man auf diese Weise auch schon mal zwei rote Ampeln, das ist mir kürzlich passiert, und jetzt das Schlimme: Ich habe nur eine Ampel davon bemerkt!

Bei der ersten Ampel dachte ich: Ach, hier ist ja keiner! Da war dann aber doch einer, und zwar ein Polizist, ein älterer, in einem deutlich gekennzeichneten Dienstwagen. Den hatte ich genauso übersehen wie die zweite Ampel. Übersehen gehabt, müsste es eigentlich heißen, das ist heute modern. Ich hatte ihn also tatsächlich übersehen gehabt und gar nicht gemerkt gehabt, dass er mich persönlich gemeint gehabt hatte, als er plötzlich »Ey!« krakeelt gehabt hatte!

Ach nein, das wird mir jetzt zu kompliziert. Da kommt man ja auf doppelt so viele Wörter wie normal, also bräuchte ich auch doppelt so viele Seiten. Und wer soll das bezahlen? Eben. Na ja, jedenfalls: Der Polizist mich also angehalten. Ob ich mich ausweisen könne?

»Nein«, sagte ich.

»Wie heißen Sie denn?«, wollte der Mann wissen.

Da musste ich auftrumpfen, das darf ich ja jetzt, noch gar nicht lange, daher macht es noch Spaß, ich also: »Stücker! Dr. Stücker!«

Der Polizist: »Ja, Frau Stücker …«

Ich wieder: »Dr. Stücker!«

Der Polizist: »Ja, Frau Dr. Stücker … Sind Sie Ärztin?«

»Nein«, sagte ich, »Musikwissenschaftlerin!«

»Ach«, sagte der Polizist, »sind Sie hier an der Musikschule?«

»Nein«, sagte ich.

Ich trug eine Regenjacke von der Post und zerrüttete Schuhe. Ich fand mich selber nicht besonders glaubwürdig. Aber es stimmte ja alles! Es war mal wieder eine vertrackte Situation, in die ich mich da, durch das Überqueren einer roten Ampel und das Übersehen einer zweiten, gebracht hatte.

Als nächstes musste ich dem Polizisten meine Adresse sagen.

»Da wohnen Sie?«, erkundigte er sich skeptisch, »das ist doch über der Kneipe!«

»Stimmt«, sagte ich, »das Haus gehört dem Onkel meines Mannes.«

»Da haben wir früher getanzt«, sagte der Polizist, »das war eine Disco, da waren wir so fünfzehn, sechzehn! Und das gehört jetzt Ihrem Onkel?«

»Dem Onkel meines Mannes«, korrigierte ich.

Da fiel mir etwas ein.

»Es ist aber manchmal ganz schön laut«, sagte ich, »ist das denn erlaubt, dass das auch nachts noch so laut ist?«

Der Polizist überlegte.

»Über eine Kneipe zieht man ja auch nicht«, sagte er schließlich.

»Da haben wir früher getanzt!«

»Aber das Haus gehört dem Onkel meines Mannes«, erinnerte ich ihn, »das bot sich quasi an!«

»Über eine Kneipe zieht man nicht«, beharrte der Polizist. »Ja, Frau Stücker, Frau Doktor, wissen Sie denn eigentlich, was Sie gemacht haben?«

»Ich habe eine rote Ampel überquert, haben Sie gesagt«, erklärte ich scheinheilig.

»Gut, Sie geben es also zu«, fiel der Polizist darauf herein, denn in Wahrheit hatte ich ja nichts, aber auch gar nichts zugegeben, »das gibt eine Anzeige. Haben Sie einen Führerschein?«

»Natürlich«, fühlte ich mich sofort beleidigt, »habe ich einen Führerschein!«

»Das gibt einen Punkt in Flensburg, Frau Doktor. Tut mir ja auch leid, aber da kann ich nichts machen. Das kostet vierzig Euro, dann ist das erledigt. Sie hören dann von uns!«

Seitdem warte ich darauf, von ihnen zu hören. Bisher hörte ich aber nichts. Ich hätte mir, an Stelle des Polizisten, ja nicht geglaubt, dass ich ich bin. Ich wäre da hellhörig geworden! Und bis zum heutigen Tage habe ich auch nichts zugegeben, oder höchstens so halb, fadenscheinig, andeutungsweise, in die Irre leitend.

Was ich aber eigentlich nur sagen wollte: Als Pflanzenfresser bekommt man weder Pferd vorgesetzt, noch sehr altes Fleisch, dass schon Monate gelegen hat, noch andere Tiere, die hierzulande nicht als Speisetier gelten, in fremden Kulturen aber doch. Meerschweinchen zum Beispiel, in Peru ein Hit. Jetzt müsste man nur noch die Eier weglassen, dann blieben einem in der Hinsicht auch alle Skandale erspart. Und ansonsten: Bei Grün gehen, bei Rot stehen!

Das Hummeressen

Einmal hat mein Vater Hummer gegessen. Einen tiefge-
kühlten, aus der Tiefkühlabteilung. Alle schlimmen Tö-
tungsrituale, in denen kochendes Wasser und lebendige
Leibe vorkommen, fielen also zum Glück schon mal
weg.

»Man musste ihn aber zwölf bis vierzehn Stunden
auftauen«, erzählte mein Vater, »das stand genau in der
Gebrauchsanweisung.«

Er blickte mich über seiner vegetarischen Weih-
nachtspizza, die er mir zuliebe hatte zubereiten lassen,
durchdringend an.

»Du isst ja kein Fleisch mehr«, erinnerte er mich.

»Nein«, bestätigte ich.

Vor dem Weihnachtsessen hatte er gefragt: Aber
Thunfischpizza isst du doch? So leid es mir tat, da
musste ich verneinen. Noch nicht mal Thunfischpizza?,
hatte er ungläubig nachgehakt. In seiner Stimme
schwang Entrüstung mit. Also gab es zum Weihnachtsessen Pizza ohne Fisch, Fleisch und Geflügel. An Heiligabend hatte er es jedoch festlich haben wollen, daher
der Hummer.

»Außerdem war er im Angebot«, fügte mein Vater
hinzu.

Um den Auftauvorgang termingerecht zu beenden,
stellte er sich einen Wecker.

»Auf sechs Uhr morgens«, präzisierte er.

Er war schon immer sehr gewissenhaft, auch die
Zubereitung erledigte er plangemäß. Ich war beein-
druckt, denn ich kann nur mit Hilfe von Leuten wie
Uncle Ben's, Maggi, Knorr usw. kochen.

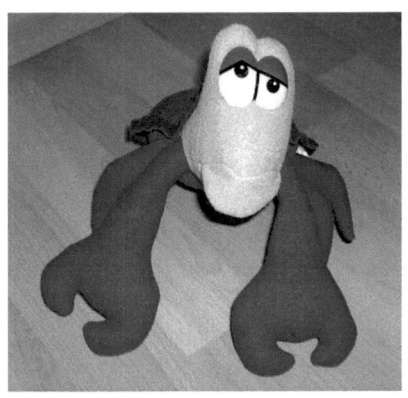

»Entfernen Sie den Darm!«

»Ach«, winkte mein Vater ab, »das stand da ja alles genau beschrieben, das war überhaupt kein Problem!«

Die Probleme fingen erst später an. Wie tranchiert man einen Hummer? Ich wüsste es nicht. Mein Vater wusste es leider auch nicht. Aber er hatte ja die Anleitung.

»Entfernen Sie den Darm«, riet der Beipackzettel.

»Die Schalen waren ganz schön hart«, sagte mein Vater, »da hätte ich beinahe den Klappspaten geholt«, amüsierte er sich und zwinkerte verschmitzt. »Wir haben dann aber einfach die Geflügelschere genommen«, wurde er wieder sachlich.

Ich konnte mir unter einem Hummerdarm nichts Genaues vorstellen.

»Das kann man mit unserem Darm nicht vergleichen«, führte mein Vater aus, »das war ganz weiß und sauber. Wie eine Sehne«, assoziierte er frei.

Ich fragte mich im Stillen, warum er sich neuerdings so gut mit Sehnen auskannte. Arzt ist er jedenfalls nicht.

30

»Aber mit dem Darm alleine war es ja noch nicht getan«, fuhr er fort.

Er beschrieb den Hummer anschaulich, wie er aufgetaut und darmlos vor ihm herumlag. Der Hummer machte keinen sehr verzehrfertigen Eindruck, denn er war noch voller anderer Organe. Klar, dachte ich, so ein Hummer ist ja auch ein ausgewachsenes Krustentier, und kein Larifari-Einzeller auf Evolutionsstufe eins.

»Obenrum war alles matschig«, illustrierte mein Vater die Umstände, »gräulich-braun.«

Das konnte nicht der essbare Teil sein, schloss er daraus, und tranchierte weiter.

»Nachher lagen überall Beine herum«, erläuterte er und kaute vergnügt auf einem Stück Pizza, »und satt geworden ist man von dem bisschen Fleisch auch nicht. Außerdem sah das irgendwie«, er hielt inne und schluckte, »sah das irgendwie roh aus.«

Automatisch musste ich an die Nomaden denken, die in der Tundra leben. Die Nomaden, die in der Tundra leben, essen Eisbären roh und trinken auch schon mal ein Tässchen Blut, weil in diesen Gegenden ja keine Vitamine wachsen. Eskimo bedeutet übersetzt so viel wie Rohfleischesser. Ich kann also ab sofort nicht mehr Eskimo werden.

Mein Vater isst eigentlich auch kein rohes Fleisch, aber was, wenn nächstes Jahr Sushi im Angebot ist?

Zufrieden nahm er sich ein weiteres Stück Pizza.

»Noch mal kaufen wir jedenfalls keinen Hummer«, erklärte er.

Für Sushi bräuchte er wenigstens keinen Klappspaten. Dieser ist eigentlich sowieso nicht als Tranchierbesteck, sondern als Waffe gegen mögliche Einbrecher gedacht, darum liegt er immer griffbereit unter dem Bett.

Vor einem Einbruch bei meinem Vater kann ich allerdings nur warnen. Ich habe den Spaten gesehen. Er ist vorne spitz.

Ich als Mann gegen Freund und Feind

Einmal habe ich ein Gewaltspiel gespielt. Zuvor beschränkte sich meine Erfahrung mit Computer-, Tele- und Videospielen weitestgehend auf Pacman und Hello Kitty. Pacman befand sich im Besitz meiner Cousins, die leider nur selten zu Besuch kamen, während Hello Kitty mir persönlich gehörte.

Hello Kitty war damals noch nicht berühmt. In meinem Spiel spielte sie Tennis gegen ein anderes Tier. Hello Kitty musste das andere Tier besiegen, was mir häufig gelang. Niemand außer mir kannte Hello Kitty, ich war meiner Zeit also mal wieder zwanzig, dreißig Jahre voraus. Nun jedoch holte mich die Vergangenheit wieder ein, allerdings nicht in Form von Hello Kitty, sondern als ein Spiel namens Gears of War II.

Das Spiel gehörte dem Mann einer Freundin, die gerade einen langwierigen Haarschnitt von einer anderen Freundin bekam, sodass mir bereits nach vier Stunden langweilig wurde.

Im Wohnzimmer der Freundin und des Mannes stand eine X-Box bereit. Hm, dachte ich. Inspiriert knipste ich den modischen Flachbildfernseher an und machte mich auf die Suche nach einem geeigneten Spiel. Fußball kam schon mal nicht infrage. Pacman gab es nicht. Also entschied ich mich für Gears of War II.

Zuerst kam eine Art Einführung. Ich erfuhr, dass es nicht gut stand um die Welt. Es herrschte sehr schlechtes Wetter, auch die Gebäude waren in keinem guten Zustand. Um die Sache nicht noch schlimmer zu machen, wurde von mir erwartet, dass ich Feinde ausmerzte, die sich Locust nannten. Na ja, dachte ich, warum nicht?

Ich wählte den Modus »lässig« und drückte auf Start. Leider musste ich als Erstes feststellen, dass ich ein Mann war. Ich hatte einen Hals, der breiter war als mein Kopf, und trug einen Kampfanzug. Was will man machen, dachte ich, ich muss mich wohl so nehmen, wie ich bin.

Ich übersprang die Trainingseinheit und lief gleich los, und zwar gegen eine Wand. Zum Glück hatte ich mir nichts getan und rannte weiter, bis ich auf ein paar Leute stieß, die mir alle sehr ähnlich sahen. Ich begann sofort, Löcher in eine Tür zu schießen. Kacke, dachte ich, das Zielen muss ich noch üben. Seltsamerweise schossen die Leute nicht zurück, sondern schlenderten missmutig von hier nach dort. Ach so, ging es mir auf, das sind meine Verbündeten!

Ich beschloss, ihre Vertrauensseligkeit auszunutzen und mir mit ihrer Hilfe den Umgang mit der Waffe anzueignen. Vergnügt richtete ich mein Maschinengewehr auf einen meiner Freunde. Der Freund kniete hinter einem mit Blut und Unrat bedeckten Schreibtisch und lauerte. Aufgeregt betätigte ich den Schießknopf und traf. Ha, dachte ich, doch das Triumphgefühl währte nicht lang. Der Freund lauerte noch immer unversehrt vor sich hin.

Verdammt, ärgerte ich mich und schoss erneut. Wiederum geschah nichts. Vielleicht trägt er eine kugelsichere Weste, spekulierte ich, drückte auf einen anderen Knopf, wechselte daraufhin überraschend die Waffe und bewarf den Mann mit einer Handgranate. Er vertrug die Attacke ebenso gut wie die Schüsse.

Alte Sau!, dachte ich. Beleidigt wandte ich mich ab und ging woanders hin. Als ich um eine düstere Ecke bog, kam mir auch schon ein Feind entgegen. Ich erkannte ihn daran, dass er prompt seine Munition auf mich abzufeuern begann. Ich bekam ein paar Treffer ab und ging geschwächt in die Knie, doch dann schaffte ich es, abermals die Waffe zu wechseln und revanchierte mich. Der Feind war offenbar empfindlicher als der Freund, sodass ich rasch ein schönes Blutbad angerichtet hatte. Gern hätte ich auch noch nachgetreten, als der alte Halunke bereits am Boden lag, doch ich wusste nicht, wie das ging.

Dann war der Haarschnitt der Freundin fertig.

»Ich sehe aus wie Michael Ballack«, fand sie.

»Stimmt«, bestätigte die andere Freundin.

Mir war Michael Ballack egal. Ich wollte noch ein bisschen randalieren. Die andere Freundin wollte gehen. Schweren Herzens schaltete ich die X-Box aus. Ich muss unbedingt wiederkommen, dachte ich. Ich muss schließlich noch das Nachtreten lernen.

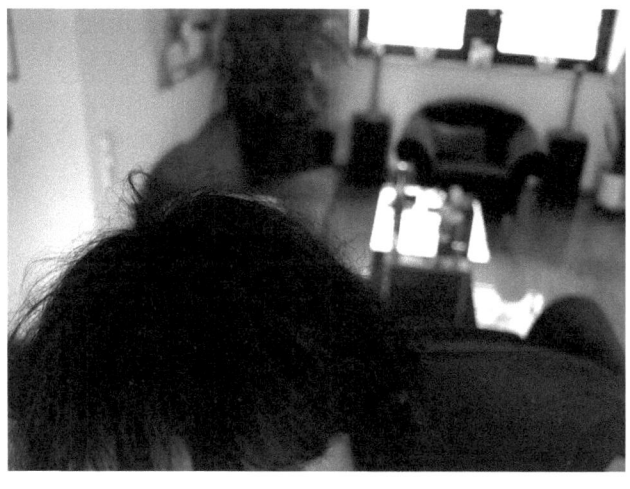

Keine Frisur wie Michael Ballack!

35

Passivyoga für das innere Rennpferd

»Der Körper ist wie ein teures Rennpferd«, erklärte ich meinem Mann, der sich neuerdings nur noch Dr. P. nennt, im Morgengrauen, als noch alles schlief, nur wir nicht, denn wir hatten frei und wollten den Tag nicht ungenutzt verstreichen lassen, »er braucht jede Menge Auslauf.«

»Hm«, sagte der falsche Dr. P., machte es sich auf der Couch bequem und sah mir dabei zu, wie ich mich auf meiner Yogamatte auf den Rücken legte, die Beine anwinkelte und alles, was sich zwischen Knien und Schulterpartie befand, vom Boden abhob, sodass ich vorübergehend die Form einer schiefen Ebene annahm.

»Das ist sehr gut«, erläuterte ich, »weil die Organe sonst immer von oben nach unten hängen, wie die Schweinehälften vom Fleischerhaken, in dieser Position aber«, ich holte einmal tief Luft, »von unten nach oben.«

Dr. P. nickte, lehnte sich zurück und pustete entspannt in seinen Kaffee.

»Das ist ja mal was ganz anderes für die Organe«, fand er, »da fühlen sich die Organe wohl, wie die Astronauten in der Schwerelosigkeit!«

»Mach dich nur lustig«, ächzte ich, schwang die Arme über den Kopf und wieder zurück und blieb schließlich platt auf der Matte liegen. Es ging mir schon viel besser.

»Pass auf«, befahl ich, »jetzt geht es weiter.«

Ich sammelte mich. Dann machte ich eine Brücke, die jedoch in Wirklichkeit gar nicht Brücke heißt, sondern Rad, zumindest beim Yoga.

»Man muss den Nacken entspannen«, dozierte ich etwas gepresst, was an meiner außergewöhnlichen Haltung lag, »und den Kopf einfach hängen lassen.«

»Früher hat man die Leute kopfüber aufgehängt«, bemerkte Dr. P., »wenn man Geständnisse erzwingen wollte. Aber jedem das seine.«

Aus dem Augenwinkel sah ich, wie er nach der Fernbedienung griff. »Ich mach mal Nachrichten an«, verkündete er.

»Halt«, rief ich und ließ mich langsam wieder zu Boden, »es kommt noch was!«

»Nur mal eben die Nachrichten«, beharrte Dr. P. abgelenkt.

»In der kommenden Stunde erfahren Sie, was Sie gegen die unbeliebten Dellen an Po und Oberschenkeln tun können«, versprach das Frühstücksfernsehen, »wir sagen Ihnen, was aus dem unheilbar kranken Waisenkind von letzter Woche geworden ist und natürlich spielen wir auch wieder Super-Zoom! Rufen Sie an und gewinnen Sie tausend Euro!«

»Das sind nicht die Nachrichten«, bemerkte ich mürrisch.

»Die kommen aber gleich«, behauptete Dr. P. und machte es sich gemütlich.

»Quatsch«, belehrte ich ihn, »die sind gerade vorbei!«

»Hm«, sagte Dr. P., sah es schließlich ein und schaltete ein Programm weiter.

Dort wurde für Joghurt gegen Blähungen geworben. Auf dem nächsten Programm kam eine amerikanische Serie von Neunzehnhundertfünfundachtzig und auf dem übernächsten saß Thomas Gottschalk und gab ein Interview.

»Was macht Sie wichtig und interessant?«, fragte der Reporter.

»Wichtig ist ein Vater für seine Kinder«, sagte Thomas Gottschalk.

Daraufhin schaltete Dr. P. ab.

Verwaiste Yogamatten, in einer Ecke kauernd.

»Na gut«, räumte er ein, »wie geht es weiter?«

»Mit dem Sonnengruß«, gab ich Auskunft, »er führt zu innerer Ruhe und Gelassenheit. Aber Vorsicht! Er ist sehr anstrengend!«

Dr. P. gähnte.

»Ich guck ja nur zu«, sagte er.

»Noch!«, ergänzte ich warnend.

Dann turnte ich ihm den Sonnengruß vor, der aus mehreren Einzelübungen besteht, wie zum Beispiel der Kobra und dem Hund. Frisch wie der junge Morgen reckte und streckte ich mich, knickte in der Hüfte ein, machte eine Art Liegestützvariante, und dehnte und kräftigte zirka einhundertfünfzig Muskeln auf einmal, wie das Yogabuch besagte.

»Und jetzt du«, forderte ich den vermeintlichen Doktor auf.

Dr. P. hatte seinen Kopf auf eines unserer beiden gestreiften Sofakissen gebettet und sah aus, als hätte er die innere Ruhe bereits durch Passivyoga erlangt.

»Ach«, sagte er und gähnte erneut, »ich leg mich lieber noch mal hin. Fang ruhig schon mal an dich fertigzumachen, dann können wir ja in ungefähr drei Stunden los.«

Auf Wohnungssuche
Teil I

Einmal suchten wir eine neue Wohnung.

Wir sind ja keine Mieter, wie man sie sich wünschen würde. Bilderbuchmieter sehen anders aus. Sie fahren teure Autos und tragen Markenbekleidung und Geschmeide. Dr. P., der alte Hochstapler, trug Posthose und Sandalen, ich lila Strümpfe. Wir kamen zu Fuß.

Die Maklerin, die bereits vor dem Zielobjekt im Nieselregen verharrte, sah nicht begeistert aus. Leider waren wir unangenehm früh dran, sodass wir uns miteinander unterhalten mussten.

»Sie sind aber pünktlich«, begrüßte uns die Maklerin, »na ja, ich bin auch gerne etwas früher da!«

Ich war immer noch beleidigt, weil sie beim letzten Mal nicht zurückgerufen hatte.

»Da ist ja noch gar nichts entschieden, wir melden uns auf jeden Fall«, hatte sie gesagt, voller Schwung und in einem vielversprechenden Tonfall, der sogar noch einen überschwänglichen, ja, feierlichen Zusatz hätte erwarten lassen, so etwas wie: versprochen, bei allem, was mir heilig ist! Oder: beim Teutates! Oder: ich schwör, Alter, beim Busen meiner Mutter!

Obwohl, ich weiß jetzt nicht, ob das eine gängige Redensart ist, mit dem Busen. Andererseits traute ich der Maklerin insgeheim alles zu.

Jedenfalls hatte ich mich stark darauf verlassen, dass sie zurückrufen würde, sie hatte nämlich unsere hausmäßige Idealvorstellung im Angebot gehabt.

»Das ist ja ganz schön frisch geworden«, stellte sie fest.

Es geschieht dir nur recht, dass du frierst, dachte ich hämisch, das ist die kosmische Rache!

Da brausten auch schon die Mitbewerber um die Ecke. Es handelte sich um dynamische junge Leute im Businessoutfit. Da gingen sie hin, unsere Chancen auf die Wohnung. Die Maklerin versetzte die Ankunft des Paares, das das solvente Paar, das durch alle Wohnungsannoncen als Wunschmieter gespenstert, auf beängstigende Weise verkörperte, in heitere Koordinationslaune.

»Gehen Sie doch schon mal um das Haus rum, da ist der Seiteneingang«, wies sie uns an und wandte sich strahlend dem solventen Paar zu, »und Sie werden schon zum Vorstellungsgespräch bei den Vermietern erwartet!«

Nachdem wir nur wenige Stunden vor dem Seiteneingang verweilt hatten, kam die Maklerin um die Ecke spaziert und ließ uns ein.

»Da ist ja noch gar nichts entschieden«, beruhigte sie uns scheinheilig.

Die Wohnung erstreckte sich über zwei Etagen, war komplett mit Parkett ausgelegt und verfügte über Einbauküche und Balkon. Allerdings wohnten die Vermieter im Haus.

»Man kann ja vorsichtshalber die Schuhe ausziehen, wenn man die Treppe benutzt«, riet die Maklerin.

Aha, dachte ich, das ist eine Abschreckungsstrategie, sie will uns wegekeln!

Als wir alle Räume betrachtet hatten, war zufällig auch das solvente Paar mit seiner Vorstellung fertig.

»Sollen wir dann auch gleich mal Guten Tag sagen?«, schlug ich vor.

»Nein, nein«, lehnte die Maklerin diesen Vorschlag eilig ab, »ich melde mich bei Ihnen!«

Doch die Vermieter winkten uns bereits freundlich zu. Die Maklerin stellte sich sofort auf die neue Situation ein.

»Herr P.«, sprach sie den falschen Dr. P. an, »dann beschreiben Sie doch mal Ihr Profil!«

»Ich bin seit zwanzig Jahren bei der Post«, begann er, »aber man muss dazusagen, dass meine Frau Klavier spielt.«

»Wann spiele ich denn Klavier?«, fragte ich.

»Und sie singt«, ergänzte er.

»Ja, ja, aber«, wandte ich ein, doch er ließ mich nicht ausreden.

»Deine klassischen Übungen gehen durch die Wände«, veranschaulichte er die Angelegenheit, »das hört man bis draußen auf die Straße!«

»Da kommen dann bestimmt auch Schüler«, vermutete der Vermieter.

»Aber ansonsten sind wir sehr ruhig«, behauptete Dr. P.

»Spielen Sie denn auch ein Instrument«, schaltete sich die Maklerin listig ein.

»Gitarre«, antwortete Dr. P. arglos.

»E-Gitarre?«, fragte die Frau des Vermieters.

Sie wirkte verzweifelt.

»Hach«, seufzte sie, »ich hatte heute eine Zahn-OP, deshalb bin ich ein bisschen daneben!«

»Hatte ich letztes Jahr auch«, versuchte ich es mit einem Anknüpfungspunkt auf der persönlichen Ebene.

»Auch wegen eines Implantats?«, hakte die Frau des Vermieters nach.

»Genau«, strahlte ich.

»So früh schon?«, wurde sie skeptisch, »na ja, aber das ist ja Veranlagung!«

Bald darauf verabschiedeten wir uns. Die Maklerin versprach sich zu melden.

Nieselregen.

Auf Wohnungssuche
Teil II

Nachdem wir, der falsche Dr. P. und ich, im letzten Monat schlimme Erfahrungen mit Immobilienmaklern gemacht hatten, versuchten wir es diesen Monat ohne. In der Zwischenzeit haben wir einiges gelernt. Anstatt das Gespräch mit »Meine Frau singt immer so laut, das hört man bis auf die Straße« zu eröffnen, hat sich Dr. P. mittlerweile darauf verlegt, gleich zu Beginn unsere Erwartungen klarzustellen.

»Wir suchen eine Zweitwohnung«, sagt er jetzt zumeist, »und sie muss uns natürlich gefallen. Was wir schon alles gesehen haben! Wir sind übrigens beide berufstätig, meine Frau hat promoviert.«

Seitdem sind wir bei den Vermietern sehr beliebt, manche wünschen sich sogar Familienanschluss. Auch Adoptionen sind nicht ausgeschlossen. Wenn wir mal an ein paar Adlige geraten, überlegen wir es uns vielleicht.

Bislang hat uns die Qualität der Angebote allerdings schwer enttäuscht. Endlich sind wir soweit, dass wir all den Penthouse-, Villen- und Loft-Besitzern in angemessener Weise gegenübertreten können, da machen sie sich auch schon rar! Plötzlich wimmelt es nur so vor gemeinnützigen Baugesellschaften, Vermietungspoints und privaten Hausverwaltern in unserer Gegend. Schlimm. Einige verlangen ein polizeiliches Führungszeugnis vor dem Besichtigungstermin. Andere bekommen erst einen schlechten Eindruck, wenn sie Dr. P. persönlich begegnen.

»Wir suchen eine Zweitwohnung«, begann Dr. P., der eine freie Wohnung ganz in der Nähe aufgetan hatte, »wir wohnen nämlich da vorne über der Kneipe, und da ist es nachts manchmal so laut.«

Hier: Kein Stundenhotel!

Das Verwalterpaar, eine ältere Dame und ein älterer Herr, wirkte unerklärlich bedrückt.

»Deshalb würden wir in der neuen Wohnung gern schlafen«, erläuterte Dr. P.

Er trug offenes Haar und eine sehr dunkle Sonnenbrille von Neunzehnhundertfünfundachtzig. Noch war er nicht dazu gekommen, mit unserer Berufstätigkeit und den akademischen Graden zu prahlen. Das Verwalterpaar setzte skeptische Mienen auf und wechselte vielsagende Blicke.

»Hm«, raunte der ältere Herr, »Sie wollen hier doch aber nichts mit leichten Mädchen machen?«

Dr. P. machte ein sichtlich verdutztes Gesicht.

»Ich meine«, fuhr der ältere Herr fort, »wenn die Kneipe gut läuft?«

»In dem Fall, ähm, haben Sie ja vielleicht an ein Stundenhotel gedacht«, schaltete sich die ältere Dame ein.

Da wurde es uns allmählich unheimlich und wir sahen zu, dass wir Land gewannen.

Die nächste Besichtigung stand schon in den Startlöchern, scharrte mit den Hufen und erwartete uns mit neuen Überraschungen. Diesmal verschlug es uns vom Rotlichtmilieu in eine Art Actionthriller.

»Das ist bestimmt der Verwalter«, vermutete Dr. P. und wies auf einen Mann, der aussah wie die Mafia.

»Quatsch«, widersprach ich, »der sieht ja aus wie die Mafia!«

Da kam er auch schon auf uns zu und begrüßte uns mit kräftigem Händedruck.

»Wir sind ganz gespannt«, sagte ich, und zwar zu Recht, wie sich alsbald herausstellte, denn im nächsten Augenblick kurvte ein Fahrradpolizist auf den Hauseingang zu.

»Sind Sie die Hausverwaltung?«, erkundigte er sich.

»Nein«, sagte ich.

»Ja«, sagte der Mann, der aussah wie die Mafia.

»Wohnt hier ein Herr K.?«, wollte der Fahrradpolizist gern wissen.

Der Mann, der aussah wie die Mafia, seufzte.

»Ja«, erwiderte er, »leider.«

»Da fühlt man sich ja gleich richtig sicher hier«, scherzte Dr. P.

»Klar«, stimmte der Fahrradpolizist zu, »das ist hier die reinste Blümchenwiese!«

Im Hausflur roch es nicht gut. Der Mann, der aussah wie die Mafia, schloss eine Tür auf und verfügte sich mit dem Fahrradpolizisten nach nebenan.

»Gehen Sie doch schon mal rein«, forderte er uns auf und setzte hinzu, an den Fahrradpolizisten gewandt: »Der hat die Tür eingetreten.«

Neugierig warfen wir einen Blick in die freie Wohnung. Hier roch es auch nicht gut. Ansonsten gab es nicht viel zu sehen.

»Wir sind dann mal weg«, verabschiedete Dr. P. sich schmissig in die Nachbarwohnung hinein.

Wir warten jetzt, bis mal wieder ein paar Villen und Maisonettewohnungen im Angebot sind. Bildzuschriften bitte an mich persönlich, Chiffre/123Luxusheim.

Der Umzug

Wir sind wieder ganz obenauf! Endlich logieren wir so, wie wir uns fühlen. Nachdem man uns zahlreiche Behausungen zu besichtigen zugemutet hatte, die nun wirklich nicht unserem Niveau entsprachen, Behausungen ohne Personaltrakt, Tiefgarage und Meerblick, hat es uns nun in eine standesgemäße Residenz verschlagen. Ab und zu haben wir jetzt sogar Gäste!

Vorher kam uns ja kein Mensch mehr besuchen. Die Gäste fürchteten das rheumatische Klima, sie hatten Angst vor hierzulande eher exotischen Leiden wie dem Grabenfuß. Enge Freunde, die auf ein Tässchen Tee hereinschauten, trugen prophylaktisch Nierengurte. Manche Familienmitglieder brachten Wärmepflaster mit. Wenn es draußen windete, windete es auch drinnen. Es pfiff und blies, es sang und tönte, dass es eine Freude gewesen wäre, wenn es sich zum Beispiel um eine künstlerische Installation gehandelt und man viel Eintritt dafür bezahlt hätte.

Und dann die Glasbausteine! Der Glasbaustein, von dem der bekannte Spottbegriff für Sehhilfe abgeleitet ist, gehörte während der Sechzigerjahre des vergangenen Jahrhunderts zu den beliebtesten Modesünden, wie heutzutage der Undercut, bloß am Haus. Der Glasbaustein sollte Transparenz und lichtdurchflutete Helligkeit in das Heim/den Hausflur/das Gästeklo bringen, doch dafür hätte man ihn erst mal durchsichtig machen müssen. Ich muss schon sagen, die Baumeister der Gotik waren da weiter! Die dachten sich: Wand weg, Maßwerk hin, und dazwischen nur Luft und Strebepfeiler, damit die ganze Chose nicht zusammenkracht!

In unserem Ex-Haus hatte sich der Architekt leider etwas anderes überlegt. Ein sehr unkonventioneller

Mann muss das gewesen sein, vielleicht auch eine Frau, eher aber wohl ein Mann, zur damaligen Zeit. Er lehnte vieles ab. Böden, rechte Winkel. Böden und rechte Winkel überwinden! Das muss seine Devise gewesen sein.

Alle Zimmer in allen Wohnungen waren überaus eigensinnig geformt und verfügten über mindestens eine, gelegentlich auch zwei oder mehr nichtrechtwinklige Wände. Und in den Böden der Treppenabsätze oder Flure, wie auch immer man das nennen möchte, die auf den verschiedenen Etagen zu den Wohnungstüren führen, hatte der Architekt Löcher gelassen. Für Glasbausteine. Besucher vermieden es, darauf zu treten, und tänzelten furchtsam um die verschwommen schimmernden Flächen herum, weil sie ihnen nicht trauten.

Glasbausteine I.

Anders als viele gotische Kathedralen sind die Glasbausteine in unserem alten Haus jedoch noch niemals eingekracht. Einige hatten Risse, das wohl. Das machte es dem unerfahrenen Kabelfernsehen-Vertreter, Aboverkäufer oder Zeugen Jehovas schwer, sie mussten sich was trauen und existenziellen Fragen stellen, wenn sie bei uns an der Tür klingeln wollten. Sie hielten inne und haderten: Ist es das wert? Ist dieser Kabelanschluss es wert, Leib und Leben zu riskieren? Im Grunde habe ich es doch ganz schön! Warum nur war ich immer so unzufrieden? Warum so besorgt, so voller Gram und Häme? Warum trat ich eben noch nach dem räudigen Hund der Nachbarin, dessen heisere Stimme einem so schlimm durch Mark und Bein geht? Auch er ist ein Lebewesen, genau wie ich! Wir leben alle in einer Welt!

Unverrichteter Dinge, aber geläutert, gingen sie nach Hause, glücklich, ausgeglichen, ja, innerlich gesundet. Unser alter Hausflur war eine spirituelle Erfahrung!

Die neue Wohnung ist auch eine Erfahrung. Eine behagliche. Jetzt müssen wir sie nur noch verschandeln mit dem üblichen Klimbim, den wir so lieben, mit Löwenfußschränken vom Sperrmüll, Cocktailsesseln namens Anneliese und rosa Tapete. Die Bediensteten reichen dabei Süppchen, Erfrischungsgetränke und kleine Imbisse und verteilen Willkommensschokoladen in allen Schlafzimmern. Wir sehen uns zur Einweihungsparty!

Glasbausteine II: Auch von unten bedrohlich!

Dr. Markus Brenecke

Man kann ja immer gut damit angeben, wenn man Berühmte kennt. Sehr gut machen sich zum Beispiel SMS, die lauten: »Sitze gerade mit Karl Lagerfeld beim Frühstück, hoffe, Euch geht's auch gut, LG A.«, oder: »Da kann ich nicht, da hat Roberto Blanco Geburtstag, aber wir können es ja ein andermal nachholen, Gruß A.«.

A., eine ehemalige Bekannte, liebte es, ihre Freunde genauestens wissen zu lassen, wenn sie wieder einmal einen Prominenten kennen gelernt hatte oder im Radio auftrat.

»Ich werde heute bei Radio Essen interviewt«, schrieb sie einmal, »hört doch einfach mal rein!«

Sie schickte diese Nachricht auch in fremde Städte und sogar Bundesländer, in denen Radio Essen beim besten Willen nicht zu empfangen war.

»Ob wir auch so auf andere Leute wirken«, überlegte Dr. P., der alte Hochstapler, »so was kann ganz schnell gehen!«

Wir kennen nämlich auch einen Prominenten.

»Hm«, erwiderte ich und dachte nach.

Hoffte ich, dass der Glanz des Prominenten auf mich abstrahlte? Schmückte ich mich mit unserer Bekanntschaft? Ließ ich seinen Namen beiläufig in Gesprächen fallen? Na ja. Am Anfang vielleicht schon. Unser Prominenter war jedoch offenbar nicht prominent genug.

»Wir haben jemanden kennen gelernt«, sagte ich bei einem Familienfest, »Dr. Mark Benecke.«

»Wer?«, fragte meine Schwiegermutter, die vielseitig interessiert ist.

»Das ist der aus dem Fernsehen«, erläuterte ich, »der mit den Maden.«

»Sagt mir nichts«, sagte meine Schwiegermutter.

Auch mein Vater konnte nichts mit ihm anfangen. Nachdenklich legte er die Stirn in Falten. »Kenn ich nicht«, gab er schließlich auf.

Fortan wurden wir etwas vorsichtiger und nannten den Prominenten nur noch Dr. Mark, das könnte ja im Prinzip jeder sein, oder wir verheimlichten ihn sogar ganz. Einerseits wollten wir nicht mit Prominenten angeben, die keine waren, andererseits fürchteten wir uns davor, eines Tages wie A. zu enden.

»Pass auf«, würden die Leute hinter unserem Rücken raunen, »jetzt fangen sie gleich wieder mit ihrem Mark Benecke an!«

Da rief urplötzlich mein Vater an.

»Weißt du, wen ich gerade im Fernsehen gesehen hab?«, fragte er den Anrufbeantworter und legte eine spannungssteigernde Pause ein. »Den Dr. Markus Brenecke! Das ist doch der, den ihr kennt! Den hab ich gerade im Fernsehen gesehen! Er hat über Leichen und Insekten gesprochen. Und Maden.«

Auch dem Rest der Familie fielen immer mehr Sendungen auf, in denen Dr. Mark vorkam.

»Ich hab ihn jetzt zum ersten Mal gesehen«, erzählte meine Schwiegermutter, »ich kannte den ja vorher gar nicht!«

Einmal haben wir Dr. Marks unheimliche Märchenparkfiguren ausgeliehen, die sich bewegen und zum Teil leuchten. Eine servierende Katze, einen Hasen im Kochtopf, ein schlafwandelndes Teddymädchen und einen Draculagrabstein. Wir benötigten sie als Dekoration. Bei einem Besuch hatten wir auch meinem Vater bereits ausführlich davon berichtet, von unserer Fahrt nach Köln und dem komplizierten Transport. Mein

54

Vater hatte genickt und versonnen seinen Kuchen verspeist. Ansonsten kam keine Reaktion.

Ein anders Mal musste er etwas bei uns zu Hause abholen und wurde persönlich mit den wunderlichen Figuren konfrontiert.

»Was ist das denn«, fragte er überrascht, »ein Bär?«

»Das sind doch die Figuren von Dr. Mark«, erinnerte ich ihn.

»Von wem?«, hakte mein Vater ahnungslos nach.

»Von Dr. Mark«, wiederholte ich, »du weißt schon, Mark Benecke«, half ich ihm auf die Sprünge, »oder auch Markus Brenecke.«

»Ach«, fiel es ihm da wieder ein, »der Herr der Maden!«

Mittlerweile haben wir uns daran gewöhnt, einen Prominenten zu kennen, den nicht jeder kennt, oder nur unter falschem Namen, wir gehen ganz locker damit um. Prominente sind ja schließlich auch nur Menschen.

Dr. Stücker, Dr. Markus Brenecke (v. l. n. r.).

Der Wartesaal zum Nirgendwo

Einmal musste ich zur Untersuchung ins Krankenhaus. Der Untersuchung ging eine Voruntersuchung voraus, der wiederum eine Untersuchung beim Hausarzt vorausging, deren Ergebnisse neben zahlreichen anderen Dokumenten zur Voruntersuchung mitgebracht werden sollten. Was, dachte ich, machen eigentlich die Leute, die wirklich krank sind?

Das Wartezimmer war sehr wohnlich eingerichtet. Es gab zwar auch Stühle, aber ich setzte mich instinktiv sofort auf das mit buntgestreiften Kissen dekorierte Sofa.

»Die haben gesagt, das kann bis zu acht Stunden dauern«, sagte die eine Frau mir gegenüber zu der anderen Frau mir gegenüber.

»Das letzte Mal bin ich um vier Uhr nachmittags hier rausgekommen«, bekräftigte die andere Frau.

Oh, oh, dachte ich. Es war Viertel nach acht.

»Ich habe um Viertel nach acht einen Termin«, erzählte die eine Frau.

»Ich auch«, sagte die andere Frau.

»Ich auch«, warf ich ein und lächelte freundlich in die Runde.

Die andere Frau seufzte. Ich sah ihr an, dass sie kurz davor stand, einen schrecklichen Erlebnisbericht über die Verhältnisse in Krankenhäusern auszustoßen.

»Sind Sie eigentlich schon angemeldet?«, fragte sie die eine Frau.

»Mir haben sie gesagt, da käme gleich jemand«, antwortete diese.

Mir auch, dachte ich.

»Ich bekomme eine Bauchspiegelung«, plauderte die andere Frau munter aus, »das machen die ja heute alles ambulant! Eine Bekannte«, fuhr sie fort und beugte sich verschwörerisch zu ihrer Gesprächspartnerin herüber, »wurde mal an den Füßen operiert, die musste nachher nach Hause laufen!«

Ich lümmelte mich auf meinem Premiumsitzplatz in den Kissen herum und stellte mich auf einen sich bis in die Unendlichkeit ausdehnenden Aufenthalt ein.

»Na ja«, ging die eine Frau gar nicht auf die schlimmen Geschichten der anderen Frau ein, »sie haben ja gesagt, da kommt gleich jemand.«

Da kommt gleich garantiert niemand, dachte ich düster, das glaubt ihr doch selber nicht, dass da gleich jemand kommt. Das hier ist nämlich sehr wahrscheinlich der Wartesaal zur Hölle. Der Wartesaal zum Nirgendwo.

»Nachdem man hier dran war«, holte die andere Frau zum nächsten Schlag aus, »geht man zum Narkosearzt, und da muss man Nummern ziehen.«

Bei der Versicherung, dachte ich, muss man auch Nummern ziehen. Und bei manchen Ämtern, muss man bei manchen Ämtern nicht ebenfalls Nummern ziehen?

»Beim letzten Mal war gerade Nummer neun dran. Und ich«, steigerte sich die andere Frau mit aller Kraft in die böse Erinnerung hinein, »und ich hatte Nummer sechsundzwanzig! Ich bin um vier Uhr nachmittags hier rausgekommen«, wiederholte sie.

Dazu fiel der einen Frau nichts mehr ein. Mir auch nicht. Also betrachtete ich alternativ die drei quadratischen Bilder über den gegenüberliegenden Stühlen. Sie zeigten jeweils eine gelbe Rose, es war dreimal haargenau das gleiche Motiv. Die wollen einen fertigmachen, dachte ich, denen reicht das nicht, wenn man nur glaubt, man würde doppelt sehen.

»So«, begrüßte uns strahlend eine wacker dreinblickende Sekretärin, »da sind Sie ja schon! Ich nehme dann gleich mal Ihre Unterlagen mit.«

Wir sahen verwundert, vielleicht sogar eine Spur empört zu ihr auf.

»Frau Stücker«, strahlte die Sekretärin, »kann ich bitte Ihre Karte haben?«

Widerwillig fügte ich mich. Ich hoffte auf spektakuläre Warteschlangen beim Narkosearzt, die ich einstmals den Enkelkindern farbenfroh würde schildern können, doch auch daraus wurde nichts. Ich bekam die Nummer sieben, vor mir gab es nur noch Nummer sechs, Nummer fünf war schon drin.

Eine halbe Stunde später war ich wieder zu Hause. Krankenhäuser sind eben auch nicht mehr das, was sie früher mal waren, dachte ich.

Eintöniges Wartezimmer.

Verhärmte Kirschtomaten

Ich bin ein großer Freund schnell verfügbarer Nahrung, was haben die Leute nur immer gegen Fast Food? Nicht alles, was schnell geht, ist auch giftig.

Der Burger oder der Milchshake sind nun einmal von Natur aus rasanter zubereitbare Gerichte als das Fünfgängemenü. Überhaupt bin ich ein ausgeprägter Restaurantskeptiker. Im Restaurant weiß man nie. Man bestellt zum Beispiel eine Margherita, ich meine in diesem Fall die Pizza, und kann sich während der Wartezeit durchaus nicht uneingeschränkt auf die bevorstehende Speise freuen. Margherita ist nicht gleich Margherita, es variieren die Bodenstärken, die Käsesorten, der lokale Verbrennungsgrad sowie der Oreganoeinsatz, mitunter sogar dramatisch. Ich finde das nicht gut. Ich finde es besser, wenn ich beispielsweise eine Reise nach Transsylvanien unternehme und dort verträgliche Kost in Form von Pommes und Gartensalat mit Balsamicodressing vorfinde.

Oftmals verträgt man ja die Landesküche nicht. Unter transsylvanischer Landesküche stelle ich mir Knoblauchsuppe oder deftige Spieße, die den urigen Namen »die Gepfählten« tragen, vor. Dann doch lieber vernünftig Genormtes, da weiß man, was man hat, da riskiert man keine bösen Überraschungen.

Außer einmal. Einmal krönte eine schrumpelige, blasse, regelrecht verhärmt wirkende Kirschtomate meinen Gartensalat, und zwar einen einheimischen, keinen transsylvanischen. Aber wie gesagt. In dem Fall kann man ja einfach den Geschäftsführer kommen lassen und mit Anwalt oder Fernsehen drohen. Fernsehen ist meistens noch besser. Große Fast-Food-Unternehmen lieben es nicht, wenn über sie im Fernsehen kommt, dass sie ältliche Tomaten in ihre Salate integrieren, denn sie verwenden viel Mühe darauf, sich selbst als echte Frische-Fanatiker berühmt zu machen, als eine Art indirekte Biobauern von nebenan, die ihre Tomaten gerade erst vom Strauch gezupft, in einem klaren Gebirgsbach von Hand gewaschen und liebevoll getrocknet haben, um sie nur Sekunden später auf ein vorbereitetes Nest aus Möhrenraspeln und Feldsalatblättchen zu tupfen. Und zack, im selben Moment materialisiert sich das frisch verschlossene Näpflein auch schon wie von Geisterhand in der Filiale und ziert schließlich das Tablett des Kunden, der sofort Appetit bekommt, wenn er an den kühlen Morgentau und die zufriedene Tierwelt denkt, die seine Rohkost soeben noch umgeben haben.

Das ist das Bild, das die Fast-Food-Unternehmer gern per Chip in unsere Gehirne einpflanzen würden, aber weil das noch Science Fiction ist, sind sie unentwegt auf der Hut vor dem schlechten Image. Deshalb kann ich nur empfehlen: Sind Sie einmal nicht glücklich mit ihren Hähnchen-Nuggets, Ihren mittleren Pommes, Ihrem rustikalen Burger, scheuen Sie sich nicht, den Kontakt zu den Medien zu suchen! Das belebt nur das Geschäft, das gesündere Rucolablättchen setzt sich durch, die stärkere Tomate siegt.

Aber eigentlich bin ich ja pro Fast Food, wie gesagt. Was mir nämlich in richtigen Restaurants schon ganz schlecht aufgefallen ist: die Desserts. Unlängst bot ein Lokal, in dem ich zuvor eine schmackhafte Margherita genossen hatte, unterschiedliche gemischte Eise mit Sahne als Nachtisch an. Ich suchte mir eins aus und war sehr guter Dinge, hm, lecker, Eis! Doch dann die Ernüchterung: In dünnen, raupenartigen Schlieren ringelten sich Sprühsahnewürste über meiner Stracciatella-Eis-Portion. Sprühsahne! Sprühsahne ist schlimmer und widerwärtiger als nachgemachte Cola, Sprühsahne ist Stickstoff mit Zucker und Aroma. Da wähle ich lieber McFlurry Smarties, McFlurry Magnum Mandel oder McFlurry Magnum Brownies, alles Produkte, die mir keine gefälschten Sahnehauben vorgaukeln, sondern solide aus Softeis mit Geheimpulver und den bewährten Kassenschlagern anderer Firmen bestehen.

Schlimm ist nur, wenn die zur Herstellung notwendigen Apparate defekt sind.

Erst kürzlich stand ich sehr lange und sehr hungrig in einer Warteschlange herum und erwartete, in Kürze eine der oben erwähnten Süßspeisen zu erhalten. Die Warteschlange bestand aus Kindern, die sich alle ein Spielzeug aussuchen mussten und dann noch ein Glas in ihrer Wunschfarbe, das es vorübergehend umsonst gab. Nach nur einer halben Stunde war ich auch schon dran und bestellte ein McFlurry Smarties.

»Eis geht gerade leider nicht«, sagte die Verkäuferin, »vielleicht ein Shake? Getränke?«

Selbstgemachte Tomate (noch nicht reif).

63

Reisende in Unterhose

Einmal wollte ich eine Freundin besuchen. Die Freundin und ich sind nicht sehr gesellig, wir scheuen Geburtstage, Betriebsfeiern und vergnügliches Beisammensein wie der Teufel das Weihwasser. Wenn alle Menschen so wären wie wir, gäbe es keine Epidemien und keine Grippewellen.

Eine andere Freundin geht sogar so weit, niemals öffentliche Toiletten zu benutzen. Sie ist der Albtraum aller Keime und Bakterien. Trotz aller Zurückhaltung frische ich jedoch traditionell zirka einmal jährlich alle meine sozialen Kontakte auf. Ich begann mit der ersten Freundin und leitete die Kontaktaufnahme mit einem Telefonat ein.

»Du«, sagte die Freundin, als sich das Gespräch bereits dem Ende zuneigte, »ob wir uns vielleicht mal ganz spontan treffen sollen? Ich hab nächste Woche Urlaub.«

Nächste Woche, das erschien mir doch sehr akut.

»Wie wäre es stattdessen mit morgen?«, schlug ich vor lauter Schreck vor. »Da fällt bei mir ein Termin aus. Und dann haben wir es hinter uns!«

»Das ist natürlich ein Argument«, ließ die Freundin sich schnell überzeugen und versprach, mich um sechzehn Uhr vom Bahnhof abzuholen.

Am nächsten Tag trat ich wie geplant um fünfzehn Uhr neunundvierzig meine Reise nach Ahlen an. Es waren zwei Stationen. Der Zug kam pünktlich. Ich setzte mich und vertiefte mich in ein Buch mit dem Titel »Nagasaki, ca. 1642«.

Als ich das erste Mal aufsah, verließ der Zug gerade den Ahlener Bahnhof in Richtung Bielefeld. Scheiße, dachte ich.

Künstlerisches Foto, aufgenommen während der Fahrt,
aber wahrscheinlich einer anderen.

In Neubeckum stieg ich aus. Der Bahnhof wirkte verlassen, ja, ausgestorben. Es war Samstag, der Kiosk hatte geschlossen, der nächste Zug fuhr in einer halben Stunde, und ob die Freundin ein Handy besaß, war mir nicht bekannt. Wir sprachen uns ja nicht so häufig.

Es blieb mir also nichts anderes übrig, als meinen aktuellen Standort sowie meine voraussichtliche Ankunftszeit auf ihrem Anrufbeantworter zu hinterlassen. Doch da knisterte es auch schon in den Lautsprechern, die den Bahnsteig beschallten, und es kam eine Durchsage.

»Die Regionalbahn Richtung Düsseldorf hat zwanzig bis fünfundzwanzig Minuten Verspätung«, sagte ein unsichtbarer Mann.

»Ach ja?«, fragte ich laut, »ach ja?«

Allmählich keimte eine Aggression in mir auf. Dann klingelte mein Telefon.

»Der Zug hat Verspätung«, erklärte ich der Freundin, die mittlerweile wieder zu Hause eingetroffen war, »ich komme gegen fünf in Ahlen an.«

Sie versicherte, es mache ihr keine Umstände, erneut zum Bahnhof zu fahren. Vorsichtshalber notierte sie sich auch meine Handynummer. Zwei Minuten bevor der nächste planmäßige Zug ging, lief der verspätete in Neubeckum ein. Sofort hob sich meine Stimmung, ich wurde regelrecht vergnügt. Gleich bin ich da, dachte ich.

In Ahlen erwartete mich die Polizei. Das wäre doch nicht nötig gewesen, dachte ich, denn ich war ja nicht verlorengegangen, nur eine Station zu weit gefahren. Kann ja alles mal passieren!

Es stellte sich jedoch heraus, dass die vielen Polizisten gar nicht meinetwegen gekommen waren, sondern wegen des Fußballspiels, das sich in Ahlen zugetragen hatte. Als ich mich durch die vielen Bewaffneten gekämpft hatte, postierte ich mich vor dem Eingang des Bahnhofsgebäudes und wartete. Die Bewaffneten zogen sich zurück, die Sonne wanderte träge über den Himmel, es ging bereits auf halb sechs zu. Da ertönte abermals das Lied »Gothic Surf-O-Rama« von den Vampire Beach Babes, mein Klingelton.

»Hä?«, fragte ich die Freundin, »wieso bist du zu Hause?«

»Ich hab deine Handynummer vergessen«, erklärte sie.

»Aber ich bin doch hier«, erinnerte ich sie, »am Bahnhof!«

»Nein«, widersprach sie, »ich war am Gleis, es kam auch ein Zug, aber du warst nicht drin!«

»Das war der nächste«, erklärte ich, »der kam nur zwei Minuten später!«

»Oh«, sagte die Freundin.

Nach zehn Minuten kam sie endlich angerauscht. Man sah ihr die Entbehrungen der vielen Pendelfahrten an. Um sechs trudelten wir auf ihrer Terrasse ein. Ich blieb nicht lange.

Nachdem sie mich zurück zum Bahnhof gebracht hatte, geriet ich in einen Trupp Fußballfans.

»Wir ficken Gelsenkirchen in den Arsch«, sang er unbekümmert, »eure Mütter sind alles Homos!«

Neben mir saß ein älterer Herr in Unterhose, der mit dem Fuß den Takt schlug.

Nächstes Jahr, nahm ich mir vor, werde ich die Freundin mit dem Auto besuchen.

Auf Tour mit Kaiser-Wilhelm-Suppe

Einmal reisten wir, die seit zwanzig Jahren noch nicht so bekannte Band Violet, nach Stade, zum Steampunkfestival Aethercircus, wo wir als Stargäste geladen waren.

Wir freuten uns schon auf rote Teppiche, Sektchen zum Empfang, Blitzlichtgewitter, wie das eben so ist. Die Veranstaltung ereignete sich in der Festung Grauerort, malerisch am Elbstrand gelegen. Leider hatten wir, als wir eintrafen, bereits unseren Soundcheck verpasst.

»Ihr solltet um eins da sein«, mahnte der Techniker, »jetzt ist es drei!«

Unsere Verspätung war uns etwas unangenehm, andererseits war sie nicht zu vergleichen mit den Verspätungen anderer Persönlichkeiten wie zum Beispiel Hollywooddiven oder adligen Damen, die kommen ja in der Regel tagelang zu spät. Was sind schon zwei Stunden im Verhältnis zu einem Tag, einer Woche, einem Jahr? Man darf die Dinge nicht zu genau nehmen, sage ich immer.

»Aber das ist kein Problem«, griff der Techniker entgegenkommend einer Entschuldigung unsererseits vor, »wenn ihr damit Erfahrung habt, können wir auch einen Linecheck machen, habt ihr Erfahrung damit?«

Wir nickten. Beim Linecheck stöpselt man alle Instrumente in die Anlage und guckt, ob sie gehen. Das konnten wir.

»Gut«, freute sich der Techniker und verschränkte zufrieden die Arme vor der Brust, »dann ist das alles kein Problem, ich bin nämlich schnell«, er lächelte gewinnend, »sehr schnell. Ich mache das seit fünfundzwanzig Jahren.«

Man sollte ihn nicht vorverurteilen, sagte ich mir innerlich.

Ausgestopfter Fuchs, aus einem Fenster in Stade blickend.

»Das ist ein Honk«, raunte Gerwin, der Schlagzeuger,
wissend. Er hat eine gute Menschenkenntnis.

Wir beschlossen, uns zunächst einmal zu stärken und
machten uns auf die Suche nach dem Catering. Wir
fanden es in einem Turm. Es bestand aus Kartoffelsup-
pe, zubereitet nach einem Rezept von Kaiser Wilhelm,
wahlweise mit oder ohne Würstchen. Lars, der Bassist,
stellte alarmiert fest, dass keine geistigen Getränke angeboten wurden. Nervös wandte er sich an die Verantwortlichen.

»Das stand nicht im Vertrag«, informierten sie ihn
ohne Mitgefühl.

Man sah Lars an, dass er sich vornahm, Verträge zukünftig auf diesen Punkt genauestens zu prüfen. Dann erhielten wir die Schlüssel für unsere Pension.

»Das ist die Pension von Herrn O.«, wussten die Verantwortlichen.

Herr O. war der ehemalige Bürgermeister von Stade. Es klang vernünftig, dass wir dort untergebracht werden sollten. Pensionen können sehr behaglich sein, das wussten wir bereits aus unserer reichhaltig mit Übernachtungserlebnissen gespickten Bandgeschichte. Wir hatten Pensionen kennen gelernt, deren Inhaber uns am Morgen kleine Kuchenstücke servierten und gleichzeitig ihre Drehorgelsammlung vorführten. Wir lieben Pensionen!

Frau O. öffnete uns die Tür. Die äußere Erscheinung des Gebäudes ließ nicht darauf schließen, dass man sich hier einmieten konnte, es handelte sich um ein gewöhnliches Einfamilienhaus.

»Ich zeig Ihnen dann mal das Untergeschoss«, sagte Frau O.

Wir folgten ihr, es ging zur Tür hinaus, dann eine Treppe hinunter. Hinter der Tür gähnte ein Kellerflur, geschmückt mit einem orientalischen Läufer. Es drang kaum Tageslicht herein. Die Beleuchtung bestand aus einer Neonröhre.

»Hier wohnen normalerweise Monteure«, erklärte Frau O. munter, »riechen Sie das? Der eine, der hier immer schläft, raucht heimlich, das soll er eigentlich nicht.« Wir rochen es. »Den Schlüssel hat er auch mitgenommen, aber nur von dem einen Zimmer.«

Wir sahen uns erschauernd um. Es gab Kühlschränke und Kochplatten. Im Türrahmen schaukelten unbewohnte Spinnweben.

»Gibt es denn auch«, überwand ich mich zu fragen, »Frühstück?«

»Das wurde nicht mitgebucht«, raubte Frau O. uns eine weitere Illusion.

Der Linecheck dauerte dann auch sehr viel länger als erhofft. Das Konzert jedoch wurde ein großer Erfolg, die Steampunkfans blickten neugierig unter ihren Zylindern und Fliegerbrillen zu uns empor und erwarben später zahlreiche Souvenirs.

Trotzdem feile ich an einem fünften bis sechsten beruflichen Standbein, um im Notfall auf ein Fünf-Sterne-Hotel zurückgreifen zu können.

Bist du vierzig?

Man ist nicht mehr zwanzig! Diese Behauptung trifft auf die meisten Leute zu, wenn man den Statistiken glauben darf.

Eigentlich ist das sehr gut, man wird dadurch gern überproportional lange für jung gehalten, wie zum Beispiel in Hollywood, wo zuerst die Dreißigjährigen die neuen Zwanzigjährigen waren und jetzt die Vierzigjährigen die neuen Dreißigjährigen sind.

Nur Heranwachsenden kann man damit nichts vormachen. In ihnen regiert die Weisheit der Jugend, eine schlimme und radikale Weisheit, die sie gern nach außen tragen. Während sich ältere Damen, die einander länger nicht begegnet sind, mit Komplimenten begrüßen (»Du siehst aber gut aus, Lorchen! Warst du beim Friseur? Der Nagellack macht dich zehn Jahre jünger!«), hauen Minderjährige stattdessen beinharte Wahrheiten raus.

Einmal hatte ich die Aufgabe, Kinder im Bauchtanzen zu unterweisen. Mir stand also ein unmittelbarer Kontakt mit gruppenweise auftretenden kleinen Mädchen bevor. Dafür sollte man Vorkehrungen treffen, innerliche: Yoga, Meditation, autogenes Training, vielleicht auch mal einen Geistheiler aufsuchen. Denn kleine Mädchen sind nicht zu unterschätzen. Ich weiß das, ich war selbst mal eins.

Das kleine Mädchen ist ein liebreizend anzusehendes Geschöpflein, in dessen Innern jedoch Rachsucht, Eifersucht und Allmachtsphantasien wohnen. Kleine Mädchen organisieren sich in komplizierten Gesellungsstrukturen, die nach strengen Vorgaben hierarchisch gegliedert sind. Hin und wieder kommt es zu Putschversuchen und umstürzlerischen Bestrebungen, die mit großer Hingabe verfolgt werden. In einem kleinen Mädchen schlummern die besten Anlagen, sämtliche Konkurrenten walzenartig niederzumähen und auf direktem Weg die Weltherrschaft zu übernehmen. Ich hatte also allen Grund zur Sorge!

Der erste Kinderkurstag brachte eine Schar zarter Wesen im Tütü, die an den Füßen Prinzessin-Lillifee-Schläppchen trugen. Zunächst lief alles glatt. Mit einer gewissen Freude vollführten sie den Arabischen Grundschritt, anmutige Drehungen und Hüftkreise. Zur Aufwärmgymnastik wälzten sie sich munter auf den Matten und konnten am Ende sogar eine kleine Choreographie vorführen. Ich sah auf die Uhr. Fast geschafft! Keine Zwischenfälle bisher. Niemand hatte etwas angezündet oder mutwillig zerstört, es gab keine Verletzten und es herrschte eine harmonische Atmosphäre.

Bis, ganz zum Schluss, alle waren bereits wieder fertig angezogen, mit Jacke, Schuhen und allem drum und dran, eines der kleinen Mädchen zum Schlag ausholte. Es hatte den Überraschungseffekt auf seiner Seite, wie die Spinne, die sich urplötzlich aus dem Nichts materialisiert und ihr Opfer mit ihrer schauerlichen Gestalt erschreckt, sodass es in Panik gerät, einen Schrei ausstößt, möglicherweise stolpert und ausgleitet, auf den glatten Fliesen zum Beispiel, sich den Knöchel verstaucht, der Knöchel schwillt auf das Vierfache seiner ursprünglichen Größe an, da ruft man mal lieber den Krankenwagen, Vorsicht ist besser als Nachricht, darauf folgt Verband, Mobilat, eventuell sogar Spritze! Der Tag ist gelaufen. Und die Spinne? Sie geht entspannt ihrem Tagewerk nach, hat von all dem Elend, das sie ausgelöst hat, nichts bemerkt, vielleicht ist ihr gar ein besonders schmackhafter Imbiss ins Netz geraten, während sie sich mal kurz die Füße vertreten hat, sie freut sich, als sie die Beute zappeln sieht, hm, lecker, eine dicke Fliege! Die

Spinne hält satt und zufrieden ein Nickerchen, natürlich hat sie sich versteckt, wenn man nach Hause zurückgehumpelt kommt, der Krankenwagen fährt einen ja nur hin, nicht aber wieder zurück, und am nächsten Tag kann das Drama von Neuem beginnen. Ein Teufelskreis!

Und ebenso unverhofft macht sich das kleine Mädchen zum Angriff bereit. Die anderen sind schon abgeholt worden, nur seine Mama fehlt noch. Das Warten versetzt es in Plauderlaune, es spricht über seinen herannahenden Geburtstag und über Brotdosendesigns, nichts Böses ist an dieser Stelle zu ahnen. Es klingelt, das muss Mama sein, ich verabschiede mich.

»Tschüss«, erwidert das Mädchen, »bist du vierzig?«

»Äh«, sage ich.

»Meine Mama ist neununddreißig!«

Okay, ich habe genug gehört. Der Tag ist gelaufen. Ich denke über Hyaluronsäureinjektionen nach.

Kleine Mädchen.
(Hier: Beim Ballett. Rechts im Bild: B. Stücker.)

Nasenmassaker im Quatschhäuschen

Das Fernmeldewesen befindet sich auf dem absteigenden Ast, man kann es nicht anders sagen. Schlimme Degenerationserscheinungen schleichen sich ein, der Verfall ist nicht mehr aufzuhalten! Und ich spreche nicht, wie man vielleicht annehmen könnte, von den mittlerweile ausgestorbenen, zunächst gelben, später dann transparent und mit pinken Akzenten gestalteten Telefonzellen. Ganz ehrlich, ich vermisse sie nicht! Obwohl es in Nostalgikerkreisen zum guten Ton gehört, Telefonzellen zu vermissen, möchte ich mich da ausnehmen, meines Erachtens ist das eine TARDISmäßige Verherrlichung und Überhöhung der Wirklichkeit, oder treffender: der ehemaligen Wirklichkeit.

Man muss sich nur mal ein bisschen plastisch zurückerinnern, mit Geruchssinn und allem, um seine Trauer im Zaum zu halten. Speziell bei Regenwetter hatte man nicht viel zu lachen im guten alten Quatschhäuschen, da beschlugen die Scheiben so dermaßen saunahaft, dass von außen nicht ersichtlich war, was im Inneren vor sich ging. Während man also sehnlich wartete, dass der aktuelle Besetzer fertig wurde mit seiner fernmündlichen Unterhaltung, konnte im Grunde alles passieren, es war möglich, dass der redselige Mitmensch, der sein gesamtes Vermögen in den Apparat versenkt zu haben schien, so lange wie das Telefonat schon dauerte, soeben, live und in Echtzeit, ein hartgekochtes Ei aß.

Was soll daran skandalös sein, fragen Sie sich vielleicht, woraufhin ich Ihnen entgegnen möchte: Unternahmen Sie je eine längere Busreise und neben Ihnen aß jemand ein hartgekochtes Ei? Na bitte, Sie erinnern sich. Das hartgekochte Ei auf engem Raum verströmt den Pesthauch von Fäulnisgasen, wenn man es erst einmal aus der Tupperbox und sodann aus seiner natürlichen Schale entlassen hat.

Überboten wird das Hartgekochte-Eier-Nasenmassaker nur durch kalte Frikadellchen. Frikadellchen auf Busreise, das können Sie komplett vergessen, da sucht man den Nothammer, da wird es einem anders! So, und jetzt einfach mal kurz vorstellen, was passiert, wenn Ihr Vorgänger die Telefonzelle verlässt, der vielleicht nicht nur, weil, er hatte ja Zeit, Geld und Nerven und so weiter, der also vielleicht nicht nur ungeniert ein Ei verspeist hat als gourmethafte Untermalung seines Gesprächs, sondern auch ein, zwei, eventuell sogar drei Frikadellchen. Ein schwacher olfaktorischer Gruß, ein Vorbote der ganzen Misere mag schon beim Austreten des Übeltäters aus dem Räumlein entweichen, richtig los geht es aber erst, wenn Sie die Tür hinter sich geschlossen haben. In all der feuchten Atemluft bricht ein Gestank wie von tausend Rinderfürzen über Sie herein! Und dann den Hörer anfassen und die Sprechmuschel an den eigenen Mund halten, die eben noch von dem fremden Genießer vollgehaucht wurde. Nix, Nostalgieromantik, sag ich da! Das ist telekommunikationstechnisches Mittelalter.

Als dann der Mobilfunk aufkam, entstanden vorübergehend paradiesische Zustände, die jetzt aber bereits wieder abklingen. Und zwar denke ich an die Internettelefonie. Eine ganz böse Sache! Über die herkömmliche analoge Leitung ließ sich tipptopp mit dem Freundeskreis und den Verwandten in Kontakt treten, zu einer 1a-Telefoniersause, mit Hintergrundgeräuschen und allem. Man konnte sich am Telefon Lieblingslieder vorspielen oder Fips-Asmussen-Kassetten, alles super, man hörte das Vogelgezwitscher oder den Straßenlärm am anderen Ende, man nahm teil am Leben des Gesprächspartners. Das ist alles vorbei, seit die akustischen Informationen digital verunstaltet über das Internet hin und her gondeln. Schweigt der andere gerade, ist nichts als totes Rauschen zu vernehmen, sodass man sich gezwungen sieht, in jeder noch so kurzen Redepause aufgeregt HALLO? HALLO? zu rufen.

Betrüblich ist auch das Doppelthören. Wenn ein Wort oder ein ganzer Satz zu lange im Internet zirkuliert, wird es bumerangartig zum Sprecher zurückkatapultiert und erklingt als Echo. Ich höre mich also selber sagen: Und, wie läufts denn so bei dir, bei dir? Gut, gut? Und alle vierundzwanzig Stunden dann auch noch die Zwangstrennung, vornehmlich nachts, zu meiner Haupttelefonierzeit. Einziger Vorteil der ganzen Sache: Man kann theoretisch heimlich beim Telefonieren aufs Klo gehen. Aber eine vernünftige Entschädigung für den ganzen anderen Scheiß ist das irgendwie nicht.

Hat es gut ohne Nase: der kleine Kaktus mit Gesicht!

Der Sarotti-Mohr auf der Pannesamtwiese

»Weißt du, was die für so ein mickriges Lagerfeuer haben wollten?«, fragte mein Vater entrüstet und wies auf das besagte Accessoire, »zwanzig Euro!«

Er schüttelte fassungslos den Kopf.

»Da dachte ich natürlich: Das kann man doch auch selber machen«, führte er aus und betrachtete liebevoll sein Werk.

Es war zirka fünf Zentimeter hoch und verströmte sein heimeliges Licht in der dämmrigen Küche.

»Zwanzig Euro«, kam mein Vater nicht darüber hinweg, »das ist doch ein Witz! Da ganz hinten hab ich eine Ersatzbirne angeklebt«, wandte er sich wieder dem mikrokosmischen Feuer zu, »da hinten an der Stallwand.«

Seit Neujahr ist nicht nur das selbstgebaute Lagerfeuer, sondern auch eine komplett eingerichtete Krippenlandschaft auf mich übergegangen, weil mein Vater fand, dass meine Weihnachtsdeko eine Aufwertung vertragen könnte. Die Krippenlandschaft beinhaltet neben dem Stall eine weitläufige Pannesamtwiese, rustikale Steine (Felsen), Maria, Josef, das Jesuskind, die heiligen drei Könige, den Engel, einen Esel, ein Kamel, einen Hirten mit Dudelsack und jede Menge Schafe. Und eine Kuh. Die Pannesamtwiese erstreckte sich über die gesamte Anrichte.

»Warum steht die Kuh denn im Stall?«, erkundigte ich mich.

»Das ist ein Ochse«, erklärte mein Vater.

»Ach so«, sagte ich.

Ich bin seit jeher ein großer Weihnachtsfreund. Ohne Adventskranz, Baum und Flitter läuft hier gar nichts. Ich besitze sogar einen Stern aus Lamettabüscheln, dessen vielfarbige elektrische Kerzen bei Inbetriebnahme psychedelisch blinken. Meine Freunde akzeptieren diese Neigung weitestgehend, manche teilen sie sogar. Meine beste Freundin Chelsea besteht zum Beispiel jedes Jahr auf ihrer Nordmanntanne.

»Der Engel kommt hier oben dran«, sagte mein Vater, »dafür baue ich dir noch eine Halterung.«

Ich war sofort begeistert. Bisher hatte es die Krippe meiner einen Oma tun müssen, die strenggenommen jedoch nur aus vier Figuren bestand, ohne Stall und Menagerie. Die neue Krippe hatte einstmals meiner anderen Oma gehört.

»Für das Licht im Stall gibt es auch eine Ersatzbirne«, informierte mich mein Vater.

Er hatte mal wieder an alles gedacht.

»Die Figuren sind aus den Fünfzigerjahren«, trumpfte er auf, denn er wusste, dass ich Altes und Romantisches liebte, »die waren damals schon richtig was wert!«

Ich betrachtete die freundlichen Gesichter der Könige. Einer trug einen langen Bart. Der Weise aus dem Morgenland sah ein bisschen aus wie der Sarotti-Mohr. Er war mir sofort sympathisch.

Mein erster Weihnachtsbaum hatte einer zahnlosen, einäugigen, hinkenden Katze mit zerrauftem, flohzerfressenem Fell geglichen. Es war einer der letzten seiner Art gewesen, ein Überbleibsel, das kurz vor Heiligabend bei Kaufland zu Schleuderpreisen verhökert wurde. Attraktiv war er nicht, aber günstig. Er kostete mich meine letzten fünf Mark. Zu Hause stellte ich ihn auf einen Hocker, damit man ihn überhaupt sah. Seine struppigen Zweige ragten asymmetrisch in alle Richtungen, und wo immer man die Lichterkette anheftete, sanken sie schlaff herab. Es war kein schöner Anblick.

»Hm«, sagten meine Freunde, die mir beim Aufstellen geholfen hatten, »dreh ihn doch mal!«

Der Baum passte sehr gut zu dem alten, Wellen werfenden Teppichboden in Marmorimitatoptik.

»Für nächstes Jahr hast du jetzt eine richtig schöne Krippe«, fand mein Vater.

Ich stellte mir vor, wie der Engel in seiner Halterung über dem Stall schwebte, das Lagerfeuer flackerte, die Wiese im Kerzenlicht schimmerte und freute mich schon.

»Dieses Jahr«, korrigierte ich.

»Stimmt«, sagte mein Vater, »dieses Jahr! Das ist ja gar nicht mehr so lange hin!«

Und dann gab es Essen.

Maria, Feuerzeuggas, Geschenktässchen.

Ausrasten in Wanne-Eickel

Antescriptum:
Ich richte mich heute an Musiker! Da sagt man Du!

Ihr kennt das ja. Tingeln bis der Arzt kommt!

Einmal waren wir unterwegs in unserer Eigenschaft als musizierende Stimmungskanonen des Mittelalters, unter dem Namen Ensemble Violetta. Ich hatte, pessimistisch, wie ich bin, Bedenken, denn solche Ereignisse gehen nicht immer glatt. Schlimm ist zum Beispiel, wenn man sehr großartig angekündigt, ja, angepriesen wird, und die Realität mit der Erwartungshaltung des Publikums dann nicht mithalten kann. Alles schon erlebt, alles schon erlebt!

Meistens sind wir, egal, in welcher Formation, die Band mit den eher ruhigeren Sachen. Als Konzertbesucher kann man dabei sehr schön zuhören, aber ausrasten, total aus sich rausgehen, sich entblößen, Unterwäsche schmeißen, stagediven, Pogo tanzen, anderen vor Freude Bier über den Schädel kippen – das kommt selten vor, seltenst, man könnte auch sagen: gar nicht. Dafür sind wir nicht der Typ, auch nicht für den Mainstream, meistens sind wir etwas für Nischeninteressierte, für Leute mit eigentümlichem Geschmack.

Das muss es auch geben, könnte man meinen, das ist wie mit den unangenehmen Berufen, einer muss sie ja machen. Aber manchmal denkt man dann doch: Warum gerade ich? Hätte ich nicht etwas mehr Neigung und Begeisterung entwickeln können für Stilrichtungen, die gerade modern sind?

Wobei, es liegt vielleicht nicht unbedingt an der Stilrichtung. Viele Mittelalterbands sind sehr beliebt! Sie tingeln natürlich auch, aber für horrende Gagen, die ihnen den Feierabend versüßen und ihre Altersvorsorge sichern. Das spornt schon mal an!

Doch ich brauche gar nicht zu lamentieren, denn ich wollte von Wanne-Eickel erzählen, und in Wanne-Eickel war alles anders. Alles!

In Wanne-Eickel hatte man einen ganzen Tag der mittelalterlichen, mittelalterlich inspirierten und Fantasy-Musik gewidmet. Zwischendurch trat ein Geschichtenerzähler auf, der es liebte, seine Fabeln in schlüpfrigen Pointen gipfeln zu lassen. Für die Gäste war dies nicht immer ein Genuss, aber sie konnten nicht weg, da der Geschichtenerzähler sich alle Gesichter auf Anhieb merken konnte, und er spürte Leute, insbesondere Frauen, die während seines Vortrags entwischten, mit detektivischer Schläue nach seiner Performance auf, um ihnen die Geschichte persönlich zu Ende zu erzählen.

Das war den Frauen nicht geheuer, und so harrten sie aus. Er trug den Kosenamen Psycho.

»Nach dem Psycho sind wir schon wieder dran«, sagte Dr. P., der in der Mittelalterband den Trommler verkörpert, guter Dinge.

Alle Programmpunkte kamen mehrmals vor, doch das machte uns nichts aus. Im Gegenteil, wir konnten unsere Popularität von Mal zu Mal sogar noch steigern! Es war ungewöhnlich. Bereits nach dem ersten Konzert hatten sich die Besucher trotz übertrieben großer Ankündigung seitens des Moderators auf unsere CDs gestürzt.

»Alle wollen Violetta-CDs kaufen«, informierte uns der Junge am Merchandising-Stand, »habt ihr noch welche?«

»Nein«, sagte ich, »aber wir machen gerade eine neue! Alle zehn Jahre machen wir eine Mittelalter-CD.«

Das interessierte den Jungen nicht weiter.

»Seit, ran, stampf, stampf!«

»Ihr seid die Bestseller des Tages«, lobte er uns.

Das fanden wir gut, es war mal was anderes! Als wir das letzte Mal an diesem Abend in Erscheinung traten, geschah es dann. Das erste Mal in der zirka zwanzigjährigen Violettahistorie. Die Menschen rasteten endlich aus! Dazu benötigten sie nicht mehr als den gefürchteten Tanz zum schmissigen Lied »Drumul draculi«, den der Leibhaftige selbst ersonnen hat, um uns Erdenbürgern genug Bewegung zu verschaffen! So geht die Legende, so, ähnlich oder auch ganz anders. Egal! Zu den beiden fürchterlichen, auf höllenmäßig lauten Dudelsäcken dargebotenen Melodien gehört eine jahrhundertealte Choreographie, die wir den vielen neuen Fans im Schnellverfahren eingebläut hatten. Die Anleitung zum Tanze beinhaltet zahlreich die Aufforderung »seit, ran, stampf, stampf!«, die die CD-Käufer vergnügt umsetzten. Es war ein Stampfen in Wanne-Eickel, das seinesgleichen suchte!

Seit diesem denkwürdigen Spektakel sind wir also endlich mal der Mainstream, die Bestseller und die Band mit den meisten Fans. Wir wollen uns aber mal lieber nicht vorschnell an solche Zustände gewöhnen. Man weiß ja nie, vielleicht sind wir schon morgen wieder die mit den eher ruhigeren Sachen.

Banane vs. Schnitzel, Gemüse, Pommes, Sauce und Dessert!

Man neigt ja häufig dazu, woanders sein zu wollen, als man gerade ist. Stichwort: Urlaub!

Viele Leute fahren gerne in den Urlaub, sie möchten dort etwas anderes sehen als immer nur Büro, Balkon, Pennymarkt.

Ich ja nicht, ich sehe sehr gern immer das Gleiche, da gibt es keine bösen Überraschungen. Deshalb fahre ich nicht in den Urlaub, wer weiß, was einen da wieder alles überrascht! Das fängt schon mit dem Essen an. Da ich nicht nur gern immer das Gleiche sehe, sondern auch immer das Gleiche esse, halte ich nicht viel von ungewohnter Kost. Aber man kann ja nicht alles mitnehmen, wenn man nur mal an die Banane denkt, ich bin ein großer Bananenfreund, jeden Tag gibt es nach dem Frühstück eine Banane bei mir. Will ich wirklich das Risiko eingehen, auf die Frühstücksbanane verzichten zu müssen, falls im Hotel nur Weißbrot und Dosenpfirsiche angeboten werden?

Ich müsste also welche in Reserve haben, zahlenmäßig der zeitlichen Ausdehnung des Urlaubs angepasst. Da kann schon mal eine ganze Menge zusammenkommen. Jedermann weiß aber, dass es nicht gut ausgeht, wenn man Bananen länger lagert, zum Beispiel in einem Rucksack. Eine Banane als Reiseproviant, die noch am Morgen eine strahlende, goldgelbe Frische aufwies und vor Saftigkeit nur so strotzte, kann sich bei entsprechender Wärmeeinwirkung bereits am Nachmittag in ein mumienhaftes, Vergänglichkeitssymptome zeigendes Ärgernis verwandelt habe, das den Appetit nicht mehr anzuregen vermag.

Bananen, vor Reiseantritt.

Das letzte Mal im Urlaub war ich Neunzehnhundert-achtundneunzig, vier Tage Venedig mit dem Bus, zwei Tage nahm allein die Fahrt in Anspruch. Man bekam vieles zu sehen, Raststätten, Raststättenklos, Tunnel, Bergpässe, Vierwaldstätter See. Nichts, was man nicht auch im Fernsehen hätte sehen können.

Gerade auf die Raststättenklos hätte ich gern ver-zichtet, damals gab es ja noch nicht die Klobons, die man nachher in der Raststätte einlösen kann. Da wäre ganz schön was rumgekommen, fünfzig Cent für jeden Klogang auf einer achtzehnstündigen Reise, das hätte ein schmackhaftes, kleines Menü ergeben mit Schnitzel, Gemüse, Pommes, Sauce und Dessert!

Venedig selber war ganz gut, aber man verirrt sich leicht, wenn man mal von den touristisch erschlossenen Wegen abkommt, und dann endet man irgendwo auf der falschen Seite des Canale grande, was einen nach langem orientierungslosem Herumzirkulieren sehr demoralisieren kann, denn mit Brücken über die Hauptverkehrsader geizen die Venezianer ja leider etwas.

Jedenfalls, was ich eigentlich sagen wollte: Hamm i. Westf. ist auch sehr schön! Das konnte ich unlängst einem Besuch vorführen, der aus Köln angereist kam. Als Kind wollte ich zunächst nach Dortmund auswandern, dann nach Amerika, und nachdem ich beides in echt gesehen hatte, lieber gar nicht mehr. Ich möchte nicht einmal mehr aus dem Hammer Westen auswandern, wozu auch, hier gibt es ja alles, Netto, Sparkasse, öffentliche Verkehrsmittel, eine Kneipe namens Möppel. Vor der Möppeltür wurde gerade eine Knobelmeisterschaft angekündigt, mit Gewinnen von bis zu achtzig Euro.

Das kannte der Besuch nicht, in Köln mag es ja vieles geben, Karneval, Dom, CSD, aber mit Knobeln auf Wettkampfebene kennen sie sich da nicht aus, das war neu und exotisch für den Besuch, auch etwas aufregend! Er hätte gern mitgemacht, leider war er jedoch am falschen Tag da. Stattdessen beschlossen wir, uns im Imbiss um die Ecke zu stärken. Der Imbiss ist so klein, dass immer nur zwei bis drei Personen gleichzeitig hineinpassen, der Rest muss draußen auf seine Bestellungen warten. Auch hinter der Theke ist nicht mehr Platz, dennoch herrscht eine strenge Arbeitsteilung.

»Zwei große Margherita, zum Mitnehmen«, bestellte der Besuch.

»Zwei große Margherita?«, vergewisserte sich der Imbissmitarbeiter. Der Besuch nickte.

»ZWEI GROSSE MARGHERITA«, rief der Imbissmitarbeiter seinem Kollegen zu, der für die Zubereitung der Speisen, das Kneten des Teiges usw. zuständig war und direkt neben ihm stand.

Der Kollege nickte ebenfalls. Hier in Hamm verstehen wir es, auch dem kleinsten Etablissement mit einfachen Mitteln den Anschein von Größe zu geben. Da können sich andere Städte eine Scheibe von abschneiden!

Im Gartencenter

Ganz plötzlich bin ich ja Pflanzenfreund geworden, und zwar genau vor einem Jahr. Seitdem bin ich in sämtlichen Gartencentern bekannt und berüchtigt! Die Fachkräfte kriegen schon Beklemmungen, wenn ich angereist komme, da ich mich sehr gern beraten lasse.

Das allein ist ja noch nicht tragisch, vielleicht ist es sogar eine schöne Abwechslung zum Herumvagabundieren mit dem Schlauch. Wenn einem eine Fachkraft mit Schlauch begegnet, muss man sich fluchtartig entfernen, sonst gibt es nachher nasse Füße, möglicherweise Stolpern über ein herumliegendes Geäst, Gehölz oder gedankenlos abgestelltes Pflanzgefäß, und es folgen Sturz, Verstauchung, Oberschenkelhalsbruch.

Es heißt ja immer, die meisten Unfälle geschehen im Haushalt, was tatsächlich so einige Missgeschicke umfasst, allerdings ziemlich herkömmliche, zum Beispiel Zeh kollidiert mit Tischbein, Fuß zerdeppert beim Ausstieg aus der Dusche, unglückliches Zusammentreffen von Finger mit Brotschneidemaschine. Im Gartencenter hingegen lauern die exotischen Gefahren, wie: unglückliches Zusammentreffen von Finger mit fleischfressender Pflanze. Schlimm!

Erwachsene können damit wahrscheinlich umgehen, sie wissen, wann es Zeit ist, den Fittich in Sicherheit zu bringen, aber wenn man versehentlich sein Kind in der Fleischfressende-Pflanzen-Abteilung vergisst und es heiter für, sagen wir mal, eine halbe Stunde den kleinen Finger in die nächstbeste Venusfliegenfalle hält, weil es gerade länger mit Telefonieren oder Skypen beschäftigt ist, Kinder haben heutzutage ja bevorzugt Freunde in Übersee, dann kann es schon mal brenzlig werden! Das in der Venusfliegenfalle verlustig gegangene Fingerglied lässt sich auch nur ganz schlecht wieder annähen, nach einer halben Stunde ist davon bloß noch Matsch übrig, sogar vom Knochen und vom Nagel, alles fein säuberlich verdaut, da kann man nur staunen, wie die Natur das macht.

Kollisionen können einem übrigens auch im Gartencenter zustoßen, jedoch seltener mit Tischbeinen als mit Buddhastatuen, die Buddhastatue ist ein gern gesehener Gast im Gartencenter, sie ist beliebt wie nie. Mit Solarlicht, im Gartenteich, als Dekofigur, groß, klein, mittel oder kollossal – die Buddhastatue blickt den Besucher aus allen Winkeln langmütig an, hier selig lächelnd, dort mit transzendierend entrücktem Ausdruck. Häufig begegnet einem alternativ nicht der ganze Buddha, sondern nur sein Kopf, ein enormer Quadratschädel in verwitterter Bronzeoptik mit vielen, kleinen, schneckenartig geformten Löckchen ringsumher. Da kann man sich schon mal böse den Fuß prellen, wenn man begeistert darauf zustürzt.

Von der Bedrohung, die von Kakteen ausgeht, möchte ich erst gar nicht künden, die liegt ja auf der Hand.

Unsichtbar und somit wesentlich heikler sind vielmehr verborgene reizende Säfte oder toxische Blattbeschichtungen, die zu allergischen Schocks und Notarzteinsätzen führen können, zumindest wenn man meinem Mann, dem unseriösen Dr. P., Glauben schenken darf, was man wirklich nicht immer darf, denn schließlich fürchtet er sich auch vor Schwänen, Mücken, Bienen, Wespen sowie Mehl- und Reiskäfern. Nicht zuletzt wird er oftmals beherrscht von der Angst vor dem leeren Tank, die zwar nicht zum Thema passt, aber so speziell, wenn nicht gar poetisch ist, dass ich sie doch mal gern erwähnen wollte.

Dieser Mann also, der alte Paranoiker, warnt mich jedes Mal laut, wenn ich mich einer ihm unbekannten Pflanze nähere: »Nicht anfassen! Die haben Stacheln!«, und wenn ganz offenkundig keine Stacheln ersichtlich sind, behauptet er: »Das können so ganz feine Härchen sein, die sieht man gar nicht, die bleiben dann in der Haut stecken! Und die sind giftig!«

Und weil sich auch sonst niemand in meinem Bekanntenkreis mit Zier- und Nutzpflanzen auskennt, muss ich immer wieder die Fachkräfte behelligen. Scheinheilig stelle ich ihnen eine harmlose Frage, nur um ihnen dann unaufgefordert von meinen Rosen zu erzählen, die seit nunmehr einem Jahr glücklich und zufrieden in meinem Zimmer gedeihen, obwohl es ja immer heißt, Rosen drinnen, das geht gar nicht. Und dann weise ich sie auf die Gefahren hin, denen sie ihre Kunden tagtäglich aussetzen, und erkundige mich nach ihrer Versicherung. Sie gucken daraufhin meist sparsam aus der Wäsche und wünschen sich, dass ich weggehe. Das tue ich auch irgendwann. Aber ich komme wieder!

Hat Zähne, frisst aber kein Fleisch!

Mit der Bahn nach Sodom und Gomorrha

Öffentliche Verkehrsmittel sind eine gute Sache, das weiß jeder, man kann mit ihnen in allen Lebenslagen reisen, was auf den PKW zum Beispiel nicht zutrifft.

Das öffentliche Verkehrsmittel befördert Minderjährige, Betrunkene und Leute, die wegen einer Geschwindigkeitsüberschreitung, wegen Überfahrens einer roten Ampel oder wegen Geisterfahrerei ihren Führerschein haben einbüßen müssen. Führerscheine sind schwer zu ergattern, sie kosten viel Geld und Nerven, manch einer verliebt sich während des praktischen Unterrichts in seinen Fahrlehrer, was schlimm ist, denn Fahrlehrer sind im Gegensatz zu Balletttänzern häufig verheiratet und somit vom Markt, und wenn man dann eine Affäre anfängt, wenn man sozusagen trotzdem eine Affäre anfängt, um nicht zu sagen: sich trotzdem auf eine Affäre einlässt, dann kann man nachher sehen, wo man bleibt, dann endet alles in Sodom und Gomorrha, oder vielleicht treffender, WIE in Sodom und Gomorrha, da soll es ja hoch her gegangen sein. Sodom und Gomorrha sind jedenfalls kein gutes Vorbild, alle beide nicht, für nichts, es sei denn eventuell für einen Roman im Stile des Marquis de Sade, solche Sachen sind ja wieder groß im Kommen seit einer Weile.

Andere verlieben sich nicht in den Fahrlehrer, sondern entwickeln ganz und gar gegenteilige Emotionen, innerlich grollen sie und werden bösartig, wenn der Fahrlehrer sie in Grund und Boden schimpft, weil sie ständig irgendwelche Senioren von der Straße hupen, die die Grünphase nicht geschafft oder gutgläubig den Zebrastreifen betreten haben. Das macht man aber auch nicht, liebe Fahrschüler! Da kann man es dem Fahrlehrer nicht verübeln, dass er sich zur Rüge verleitet fühlt, ja, ihm möglicherweise auch mal hier und da die Hand ausrutscht.

Fahrlehrer sind häufig von gröberem Gemüt, zupackend und rustikal, aber gerecht, aus einem Fahrlehrer wäre vielleicht ein guter Bundesgrenzschutzbeamter geworden, aber garantiert kein Sozialpädagoge. Darauf muss man sich einstellen, wenn man beschließt, die Fahrschule zu besuchen. Fahrschulen werden von kernigen Typen betrieben, von Männern mit Durchsetzungskraft. Und das ist auch gut so, denn schließlich müssen sie ab und zu Wichtiges durchsetzen, zum Beispiel eine Vollbremsung. Am Ende ist auch der zermürbteste Fahrschüler froh, wenn der Fahrlehrer im richtigen Moment durchgreift!

Im Privaten sind die Fahrlehrer jedoch oft lammfromme Gesellen. Sie züchten Wellensittiche, denken an den Valentinstag, sammeln Waffen. Manche treiben auch gern Sport, immerhin gehen sie einer sitzenden Tätigkeit nach, da müssen sie sich austoben in ihrer Freizeit, in Klettergärten und Indoor-Skianlagen, das lieben sie.

Führerscheine sind also knifflig zu erlangen, vor dem Fahrvergnügen steht laut Gesetz jede Menge Arbeit. Da ist es nicht verwunderlich, dass der ein oder andere gleich darauf verzichtet und sich lieber sagt: Ach, Auto, das macht ja jeder, und für die Umwelt ist es auch nicht das Gelbe vom Ei! Ich fahre Bus und Zug, S-, U- und Straßenbahn!

Man muss sich allerdings darauf einstellen, dass das Bus- und Bahnfahren nichts für einzelgängerische Freunde und Kupferstecher ist, es eignet sich eher für den kontaktfreudigen Zeitgenossen, der keine Angst vor intensiven Gerüchen (Zwiebel, Schnaps, Körper) und Gedränge hat. Man sollte zudem ein natürliches Interesse für die Belange anderer Leute mitbringen, dann wird die Bahnfahrt zur Dokusoap, zur Telenovela (nur ohne Tele), zum Krimi!

Ängstlichkeit ist keinesfalls angebracht, wenn man ein öffentliches Verkehrsmittel betritt. Einmal hörte ich, es war Nacht und Wochenende, eine Unterhaltung mit an, die sich zwischen einer jungen Dame und einem jungen Herrn ereignete:

»Ich trau mich immer nicht, morgens bei dir anzurufen«, sagte die junge Dame, »ich weiß ja nicht, ob du da schon wach bist!«

»Doch«, erwiderte der junge Herr, »in der Woche bin ich morgens schon wach, da gucke ich nach Stellenangeboten und schreibe Bewerbungen.«

»Am Wochenende schläfst du dann aber immer noch«, wandte die junge Dame ein.

»In der Woche aber nicht«, beharrte der junge Herr, »da schreibe ich Bewerbungen, aber nur an große Betriebe, kleine Betriebe nehmen ja meistens keine Straftäter.«

Hier fährt kein Zug und auch kaum ein PKW.
Und noch weniger Fahrschüler!

Der Bocksbeinige mit der Cockpit Kamera

Einmal war es schon spät, aber wir hatten noch keine Lust ins Bett zu gehen.

Es war die Zeit, die früher dem Sendeschluss vorbehalten war. Damals kamen im Fernsehen nachts nur Schnee und ein verstörendes Rauschen, aus dem sich mit ein bisschen Phantasie okkulte Vorgänge herauslesen ließen. Dennoch spielten und spielten die Anhänger des Übersinnlichen verbreitet lieber Tonbänder rückwärts ab, um Botschaften aus dem Jenseits zu erhalten. Sie unterhalten sich auf diese Weise gern mit dem Fürsten der Finsternis und seinen Schergen. Oft drücken sich diese Erscheinungen jedoch nicht sehr deutlich aus, einzelne Worte sind häufig nur mit Mühe und Not zu verstehen. Auch ist der Inhalt meist eher nebulös, sodass die Empfänger der Botschaften lange rätseln müssen, bis sich ein vernünftiger Zusammenhang ergibt.

Gern teilen sich der Bocksbeinige, seine Kumpanei und weitere zwielichtige Gestalten aus der Zwischenwelt auch über das Radio mit. Das Verfahren der Enträtselung ist hier jedoch ähnlich aufwändig. Mir ist nicht bekannt, ob Luzifer jemals irgendwo angerufen hat, das wäre ja einfacher gewesen als der komplizierte Umweg über den Äther. Andererseits bedeutet sein anderer berühmter Name, der Teufel, so viel wie: der Verwirrer. Daher liebt er das Verkomplizieren von Dingen, es ist seine große Leidenschaft.

Ich selbst wurde von ihm nach Sendeschluss noch nicht persönlich angesprochen, vielleicht ist das wirklich einfach nicht sein Medium, oder aber ich habe es nicht bemerkt. Und jetzt ist es zu spät, jetzt sind nicht nur die Sendeschlüsse ausgestorben, sondern auch die Radios so gut wie, außer vielleicht im Auto. An ihre Stelle sind die

Internetradios getreten, doch der Schreckliche meidet die digitalen Medien, wie jeder weiß. Noch nie ist bislang bekannt geworden, dass er über eine MP3 mit jemandem Kontakt aufgenommen hat. Vielleicht ist er beleidigt, weil er heutzutage ständig verulkt wird. Oder er setzt sich allmählich zur Ruhe, auch das wäre gut möglich.

Anstatt also Gespräche mit dem Chef der Unterwelt zu führen, muss man in seiner Freizeit nun vorliebnehmen mit dem Nachtprogramm, das zum großen Teil aus Kaufempfehlungen und astrologischer Beratung besteht. In der Nacht, von der ich erzählen will, war gerade eine Cockpit Kamera im Angebot. Ein junger und ein älterer Moderator hängten sich richtig rein, was das Schmackhaftmachen des Produkts anging. Tatsächlich schalteten wir, der falsche Dr. P. und ich, nicht weg, sondern genossen eine Weile die Darbietung.

»Mit dem Ding können Sie sechzehn Stunden aufzeichnen, in HD«, sagte der junge Moderator. »Wenn Sie zum Beispiel auf dem Weg in den Urlaub ein paar spektakuläre Serpentinen entlang fahren, müssen Sie sich natürlich auf die Straße konzentrieren und werden ganz neidisch auf Ihre Familie, die nach Herzenslust aus dem Fenster gucken kann. Aber mit dem Ding können Sie sich später alles ganz in Ruhe ansehen!«

»Das Ding ist echt der Wahnsinn«, untermauerte der ältere Moderator den Vortrag des jüngeren, »überlegen Sie mal: Sechzehn Stunden! In HD!«

»Sie nennen es immer nur Ding«, bemerkte Dr. P.

»Natürlich kann das Ding direkt mit dem Laptop verbunden werden«, fuhr der junge Moderator fort.

»Tatsächlich«, sagte ich.

Luzifer sieht alles!

»So können Sie Ihren Freunden und Bekannten sofort Ihr Urlaubsvideo schicken«, war der junge Moderator gar nicht mehr zu bremsen.

Ich stellte mir vor, wie der Besitzer der Cockpit Kamera seinen Freunden und Bekannten ein Video seiner
sechzehnstündigen Serpentinenfahrt schickte.

»Und«, fiel dem älteren Moderator noch ein Argument ein, »das Ding funktioniert auch als Überwa-
chungsgerät und als Beweismittel!«

»Wenn das Auto geklaut wird«, wusste Dr. P. einzu-
wenden, »ist das Ding aber auch weg.«

Ich überlegte. Man unterschätzt ihn, dachte ich, den
großen Verwirrer, man denkt, er habe sich zurückgezo-
gen und tauge nur noch als Karnevalskostüm. Doch
vermutlich stimmt das nicht. Er hat einfach nur andere,

gewitztere Wege gefunden, den Menschen zu ärgern und zu überlisten. Statt in alte Radios fährt er nun direkt in die Gehirne von Shoppingsendermoderatoren ein!

Die Idee finde ich so originell, dass ich versucht bin, das Ding zu erwerben. Vielleicht zu Weihnachten? Ich denke noch darüber nach.

Botschaften ohne Cola

Man soll es nicht meinen, aber den Wahrsage-TV-Shop gibt es wirklich. Man denkt ja immer: Nein, nein, das ist alles bloß Phantasie, Wahrsage-TV kommt ja auch grundsätzlich nur nachts, und zwar genau dann, wenn man sich gerade noch mal kurz niedergelassen hat, wirklich nur ganz kurz, weil einem das Zubettgehprozedere gerade so anspruchsvoll erschienen ist, Händewaschen, Zähneputzen, Gesichtwaschen, das hält man ja ab einer bestimmten Uhrzeit gar nicht mehr aus, da muss man erst mal rasten, bevor das alles losgeht.

Passiert mir leider ständig! Das kommt durch den anstrengenden Feierabend, erst mal was essen, denkt man da, und dann noch in Ruhe ein schönes Heißgetränk zu sich nehmen, zum Beispiel einen reichhaltigen Café au lait, einen original italienischen Cappuccino, einen spritzigen Irish Coffee oder auch einen wohltuenden Fencheltee, kann man alles machen, es spricht nichts dagegen, schließlich ist das Tagewerk erledigt und vollbracht, da darf man auch mal die Beine hochlegen und die Füße eincremen mit Fußmilch gegen Hornhaut und Geruch!

Ich will ja niemanden beleidigen, aber Hornhaut und Geruch sind offenbar ein weit verbreitetes Gebrechen, sonst hätte die Apotheke, die ich kürzlich besuchte, niemals den Fußmilchwerbeaufsteller aufgestellt.

Und dann, nach dem ganzen Füßeeincremen, lohnt es sich eigentlich auch nicht mehr, etwas Sinnvolles anzufangen, obwohl man ja noch den Keller aufräumen könnte oder die Abstellkammer, aber wenn man die Abstellkammer aufmacht, kommt einem alles entgegen, das kenne ich aus Erfahrung, das ist nicht gut, das macht die ganze schöne Aufräummotivation sofort wieder zunichte.

Alternativ könnte man sich auch einem Klassiker der Weltliteratur widmen, Krieg und Frieden vielleicht oder den Buddenbrooks. Das ließe sich noch am ehesten mit den eingecremten Füßen vereinbaren. Allein: Man tut es nicht, man steht vielleicht sogar noch mal auf, das ja, aber nur um ein paar Chipse zu holen und Cola, das sind dann, mit dem Heißgetränk zusammengerechnet, zirka vierhundertzwölf Stücke Zucker und acht Kilo Salz, wie jeder weiß, doch man hat Feierabend, da muss man auch mal Fünfe gerade sein lassen.

Nach der Cola und den Chipsen ist einem schlecht und man muss sich hinlegen, aber nur auf die Couch, zwischen einem selbst und dem behaglichen Daunenbett steht schließlich das hinderliche Zubettgehprozedere, also ruht man sich nur mal kurz, also wirklich ganz kurz!, aus und gestattet sich ein Nickerchen. Und wenn man DANN wieder aufwacht, dann ist aber Holland in Not, dann ist es bereits zwölf Uhr durch, der Fernseher läuft und es kommt die Wiederholung von Maischberger auf 3sat, das kann man aber gerade nicht brauchen, um diese Zeit darf man seinem Oberstübchen nicht zu viel zumuten, man schaltet also um, wahllos, und auf was stößt man? Genau, Wahrsage-TV.

Und zwar ist gerade der Wahrsage-TV-Shop dran, zuerst tippt man ja auf Kalkofe, aber Kalkofe erscheint nicht, es erscheinen stattdessen herausgeputzte Damen, die darüber berichten, dass wir alle aus Atlantis kommen und uns deshalb die Engel-Energie-Booster kaufen sollen, ein mächtiges Tool, das uns dabei behilflich sein kann, mit unseren außerirdischen Vorfahren in Kontakt zu treten. Cool, denke ich, in Cola ist also nicht nur Koks, sondern auch Halluzinogene, vielleicht tun sie spezielle Pilze rein, atlantische! Komisch nur, dass ich gestern Nacht schon wieder ähnliche Botschaften empfangen habe, ganz ohne Cola, da ging es auch um irgendwelche Booster, aber andere, man konnte sich durch sie mit Erzengel Michael, Erzengel Gabriel und dem weniger bekannten Erzengel Jophiel unterhalten.

Weil es mir allmählich gruselig wurde mit den nächtlichen Astroeskapaden, habe ich die Sache am nächsten Tag noch mal überprüft. Und siehe da: Wahrsage-TV sendet in Wahrheit den ganzen Tag (aus einer geheimen Raumstation direkt über Berlin, bei schönem Wetter kann man sie dort manchmal erahnen, wenn man genau hinguckt) und der Shop ist immer nachmittags dran. Nachts kommen höchstens mal Wiederholungen. Ich weiß nicht, ob ich mich diesbezüglich beruhigt oder beunruhigt fühlen soll.

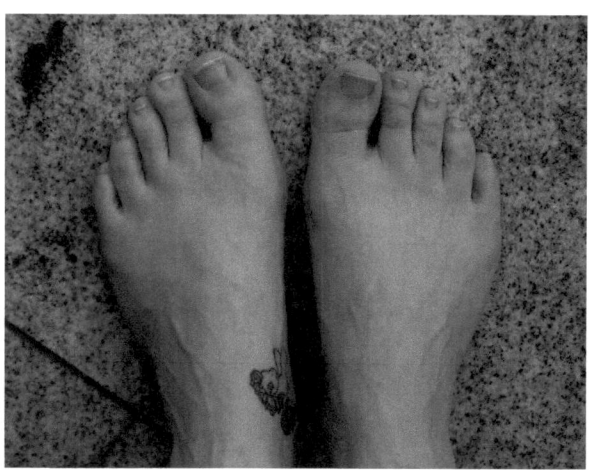

Füße ohne Milch, dafür aber mit Pony!

Stromstoß provozierende Blumentöpfe

Wir haben einen neuen Fernseher.

Für Sie mag das nichts Besonderes sein, viele Menschen erwerben regelmäßig neue Fernseher, sogar dann, wenn die alten noch gar nicht aufgebraucht sind. Die zusätzlichen Fernseher enden dann in Küchen und Schlafzimmern. Wenn Leute Fernseher in ihren Schlafzimmern haben, unterstelle ich ihnen immer, dass sie tagsüber bei abgedunkeltem Fenster im Bett liegen, einsam American Psycho gucken und Gewaltphantasien entwickeln.

Es böte sich m. E. an: Eine Studie über den Sachverhalt, ob Serienmörder und irre Sadisten gern Fernseher in ihren Schlafzimmern haben. Ich ahne Böses, was das Ergebnis anbelangt. Wenn Sie einen Fernseher im Schlafzimmer haben sollten, dann möchte ich Sie nicht näher kennen lernen. Nachher stellen Sie sich noch vor, meine Darmschlingen als Halsschmuck zu tragen oder so etwas, da wird einem ja schon beim Ausdenken ganz unbehaglich.

Daher zurück zum Thema! Alte Fernseher verbrauchen sich ja im Grunde überhaupt nicht. Man muss sagen, dass es sich bei dem Fernseher, den wir vorher besaßen und über den es wenig zu klagen gab (abgesehen von seiner seltsamen Neigung, die Bilder etwas gestreckt darzustellen, was das Gehirn jedoch nach einer Weile mühelos auszugleichen imstande war), um ein Modell von Neunzehnhundertdreiundachtzig handelte, erbaut von der Firma M.

Ein super Gerät, ich gehe davon aus, dass es weitere dreißig, vierzig, fünfzig Jahre bei bester Gesundheit überstanden hätte. Allein das Design war nicht mehr ganz auf der Höhe der Zeit, der Fernseher hatte optisch nichts mit seinen modernen Brüdern und Schwestern, vielleicht sollte man eher sagen: Enkeln und Enkelinnen, oder besser noch: Großneffen und Großnichten, um bereits sprachlich die entferntere Verwandtschaft anzuzeigen, gemein. Wenn man es nicht wüsste, hätte man ihn glatt für ein ganz anderes Haushaltsinstrument halten können, für eine Waschmaschine vielleicht oder für einen Trockner. Etwas jedoch schmälert die Eindrücklichkeit dieser an und für sich sehr schönen und malerischen Vergleiche: die Fernseherfarbe. Wann sah man je Waschmaschinen oder Trockner mit gräulich gewölbter Frontscheibe und einem schwarzbraunen, exotische Gehölze imitierenden Korpus? Man könnte sich als visuelle Annäherung deshalb vielleicht eher eine retrofuturistische Scherzmaschine vorstellen, die dampft, qualmt und aus deren Belüftungsschlitzen gelegentlich Funken schlagen.

Das Funkenschlagen übrigens habe ich oft vermisst, als der alte Fernseher noch in Betrieb war, ich habe es immer wieder erwartet, aber es ist nie eingetreten. Vielleicht hätte ich das tun sollen, was man niemals tun soll, nämlich einen Blumentopf auf den Fernseher stellen. Man soll es nicht, es provoziert womöglich nicht nur Funkenschlagen, sondern auch Stromstoß. Weil ich über diese Gefahren informiert war, befand ich mich beim Fernsehen häufig in einem quälenden Zwiespalt, es juckte mir in den Fingern, die Blumentöpfe lachten mich nur so an! Doch ich wagte nicht, zur Tat zu schreiten. So werde ich nun nicht mehr erfahren, ob der alte Fernseher des Funkenschlagens mächtig gewesen wäre, so wie der Drache des Feuerspeiens. Ob man aus dieser nachdenklichen Überlegung ein chinesisches Sprichwort konstruieren könnte? Na ja, nicht so wichtig.

Der alte Fernseher: top!

Der alte Fernseher wog mehrere Tonnen, man musste ihn zu zehnt transportieren, nur einmal haben wir es
bereits zu zweit geschafft. Mit dem neuen Fernseher ist
alles ganz anders. Der neue Fernseher ist ein Geschenk
von Onkel W., er misst sagenhafte zwei Kilometer im
Durchmesser und ist dabei so leicht wie eine Feder.
Darum kann man ihn auch an die Wand hängen. Diese
Möglichkeit wollten wir gleich ausnutzen, doch der Er-
finder des neuen Fernsehers, das fernöstliche Unternehmen S., fürchtete scheinbar, unsere Wohnung könnte Wände aus Papier haben (in Asien so üblich). Darum
mussten elf (!) Dübel angebracht werden, bevor man
den Fernseher aufhängen durfte. Vielleicht fürchtet die
Firma S. aber vielmehr, der Fernseher könne davon-
schweben, wenn man nicht achtgibt. Ferner liebt sie
Warnhinweise, so wie diesen:

»Achtung! Wenn Sie den Fernseher abmontieren, bleiben Löcher in der Wand zurück!«

Das hätte uns alles mit dem alten Fernseher nicht passieren können.

Ich geh nach Hause!

Es ist soweit, ich habe eine Venenschwäche.

Ab einem gewissen Alter erwischt es die meisten, das ist ganz natürlich, die Schwerkraft ist schuld. Während einen in jungen Jahren das Blut nur so durchrauscht, angespornt von pausenlos sich regenerierenden Zellen, die in den Muskeln und im Bindegewebe herumrandalieren, als gäbe es kein Morgen, fängt es irgendwann an gemütlich zu werden und gern auf der Couch zu liegen. Dann macht es lieber Wattspaziergänge als Eiger-Nordwand-Touren, lieber Nordic Walking als Dauerlauf.

Und dem stützenden Stock beim Walken entspricht der stützende Strumpf beim Stehen. Der Strumpf presst den Unter- und gegebenenfalls auch den Oberschenkel fest zusammen, bis das Blut sich im Knöchelbereich, wo es gerade noch Rast gemacht und seine Freunde, die Lymphflüssigkeiten, um sich geschart hat, nicht mehr wohlfühlt und sich in seinem eng gewordenen Schacht wieder ans Zirkulieren macht.

Na ja, soweit die Theorie. So ein Strumpf ist nicht der Hit, aber immer noch besser als Thrombose, denn lieber ein Pressbein als gar kein Bein.

Also konsultierte ich unlängst einen Phlebologen. Der Phlebologe ist selten, rottet sich gern in Gemeinschaftspraxen zusammen und erarbeitet sich in mittelgroßen Städten und ihrem Umland eine schöne Monopolstellung. Es folgt ein wichtiger Hinweis für alle Kassenpatienten, lieber Freund und Kupferstecher: Machen Sie Ihren Phlebologentermin am besten, bevor die Beschwerden einsetzen, vielleicht im Alter von neunzehn, zwanzig, dann können Sie sicher sein, dass es pünktlich mit der Behandlung klappt, wenn Ihre Venen in ein paar

Jahren faul und ausgeleiert in ihren Waden herumhängen.

Eine andere Arztpraxis, weniger überfüllt. Hier ist noch Platz!

Ich hatte Glück. Nachdem ich nur einen Sommer lang mit Wassertreten in der eisgekühlten Badewanne verbracht hatte, war auch schon mein Termin. Ich hatte vorsorglich etwas zu Lesen eingesteckt, kleinere Snacks und Imbisse, Laptop, Telefon, Taschenfernseher, Laudanum zur Beruhigung, einen Schminkkopf zum Zeitvertreib, eine am Straßenrand gefundene tote Amsel (für mein Hobby, die Präparation), Fotos von den Enkelkindern und was man eben so alles dabeihat.

Im Wartebereich herrschte leichter Verwesungsgeruch. Damit hatte ich gerechnet. Nicht alle halten wochenlang durch, besonders Alte und Kranke fallen oft den harschen Zuständen in deutschen Spezialistenpraxen zum Opfer. Ruft die Sprechstundenhilfe: Herr Meier bitte, dann stehen zwanzig Mann auf, rammen sich gegenseitig die Ellbogen in die Mägen und behaupten: Ich bin Herr Meier! Nein, ICH bin Herr Meier! Und meine Frau ist auch Herr Meier!

Das hilft aber alles nicht. Mit tödlichem Instinkt sucht sich die Sprechstundenhilfe nur einen aus, der als nächster drankommt. Für die anderen heißt es erneut: warten.

Die Menschen verfallen sofort wieder in ihr dumpfes Harren. Viele husten, die Gefahr der Ansteckung ist groß. Wenn ich Klaus Kinski wäre, könnte ich mich selbst zitieren und laut und bestimmt drohen: Hört auf zu husten! Wenn ihr nicht sofort aufhört zu husten, gehe ich nach Hause!

Für mich sieht es aber alles in allem ganz gut aus. Ich habe am Empfang gelogen, ich sei Privatpatient und hätte nur meine Karte vergessen. Darum komme ich schon am darauffolgenden Abend dran. Als Erstes darf ich mich auf eine Liege legen, auf der ich kein Papier vorfinde. Zum Glück habe ich aber meine Desinfektionsfeuchttücher dabei. Dann wird eine Messung durchgeführt. Hernach soll ich die Füße auf eine Gummimatte stellen.

»Und wenn einer vor mir an seiner Fußsohle zufällig einen aggressiven Pilz beherbergte?«, erkundige ich mich bei der Sprechstundenhilfe.

»Ach«, winkt sie ab, »das wird ja ab und zu abgewischt! Außerdem steckt man sich so schnell nicht an.«

»Ach so«, sage ich.

Jetzt trage ich Kompressionsstrümpfe und der Juckreiz zwischen den Zehen geht auch langsam weg, nachdem ich mich erfolgreich mit Salzsäure und Feuerzug behandelt habe. Noch einen Arztbesuch wollte ich lieber nicht riskieren.

Die Weissagung des Unwahrscheinlichen

Ich habe ein neues Standbein, es ist die Wahrsagerei.

Das mag den einen oder anderen verwundern, zum Beispiel diejenigen, die mich als beinharte Kritikerin des Übersinnlichen kennen. Neuerdings bin ich der Mystik im Allgemeinen jedoch keineswegs mehr abgeneigt. Meine Talente in dieser Richtung entdeckte ich eines Tages beim Geburtstag von Tante S.

Tante S. will eigentlich nicht Tante genannt werden, aber da alle es tun, denke auch ich mir nichts dabei. Außerdem wäre nur S. doch wohl ein bisschen schlicht. Tante S. hatte also Geburtstag, beziehungsweise es dräute ihr Geburtstag, man könnte auch sagen: er dämmerte. Er dämmerte so sehr, dass er quasi bereits vor der Tür stand, und so kam es, dass der angeheiratete Dr. P., der leibliche Neffe von Tante S., mir auftrug, ein Geschenk zu besorgen. Dieser Auftrag kam wie so oft sehr plötzlich und unvermittelt, da es Dr. P. immer erst in letzter Minute einfällt, dass ein Festtag bevorsteht. Als der Auftrag eintraf (»Du musst noch ein Geschenk für Tante S. mitbringen! Es darf auch etwas Größeres sein!«), befand ich mich gerade geschäftlich in Hagen, in Begleitung einer Kollegin.

»Tante S. liebt Engel«, informierte ich die Kollegin, »gibt es hier irgendwo welche?«

Die Kollegin sah sich suchend um.

»Ja«, antwortete sie, »da vorne.«

Wir wandelten ein paar Schritte stadteinwärts, dann waren wir auch schon da. Im Schaufenster standen Engel noch und nöcher, aus einer Art Keramik gefertigt und nahezu lebensgroß.

Dieser Engel wäre bestimmt auch gut angekommen!

»Hm«, sagte ich, »die sind toll, aber ich müsste sie zuerst im Zug und dann auf dem Fahrrad transportieren.«

Die freundliche Engelhändlerin sah ein, dass da nichts zu machen war. Gemeinsam begaben wir uns auf die Suche nach einer Alternative.

»Hier«, schlug die Kollegin vor, »Anhänger!«

Die Anhänger bestanden aus zwei Engeln, die auf einem Herz kauerten.

»Na ja«, sagte ich, »das wäre vielleicht ein bisschen romantisch.«

Die Engelhändlerin wies auf ein ganzes Sortiment hölzerner Schutzengel.

»Ach«, hatte ich schon wieder etwas zu beanstanden, »das sieht so rustikal aus, Tante S. bevorzugt eigentlich eher… Na ja, Pastelltöne, Engelbettwäsche und so weiter.«

Ratlos streunten wir zu dritt noch ein bisschen durch den Laden. Schließlich erwarb ich eine Engelräucherung zum Thema »Kraft«, Wahrsagekarten mit einem Engelchen vorne drauf und am Hagener Bahnhof ein Engelmagazin. Das Engelmagazin war voller Werbeanzeigen von Hellsehern, Astrologen und Medien. Eine ausführliche Beratung kostete um die hundertvierzig Euro.

Dann kam in Windeseile auch schon der Geburtstag. Es gab leckeren Kuchen, den Tante S., Tante M., Onkel L. und die Kinder zu großen Teilen bereits aufgegessen hatten, denn wir waren mal wieder etwas spät dran. Dafür hatten wir aber die tollen Geschenke mitgebracht, auf die sich Tante S. sofort wissbegierig stürzte. Danach wurde es still, denn es handelte sich um einen Sonntag. Sonntags sind immer alle müde und traurig darüber, dass der nächste Tag schon wieder ein Montag sein wird. Die Kinder verabschiedeten sich bald, und Onkel L. ging das Internet von Tante S. reparieren.

Tante S., Tante M., Dr. P. und ich blieben an der Kaffeetafel zurück. Urplötzlich kam mir ein Einfall.

»Ich weiß was«, folgte ich laut einer deutlichen Eingebung, »wir probieren mal das Wahrsagen aus!«

Alle waren begeistert. Ich las mir kurz die Wahrsageanleitung durch und schon ging es los. Auf Anhieb konnte ich nicht nur in die Zukunft, sondern auch in die Gegenwart, die Vergangenheit und die Gedanken von Tante S. blicken. In der Zukunft lag immer ein Kind. Interessant, denn Tante S. war soeben einundfünfzig geworden. Ich bin offenbar eine sehr begabte Wahrsagerin, denn ich kann sogar das Unwahrscheinliche, das Widernatürliche und das Unerwünschte vorhersagen. Diese Vermutung bestätigte auch Tante M., als Dr. P.

sie fragte, ob sie sich nicht auch mal in die Zukunft sehen lassen wolle.

»Nein«, wehrte Tante M. ab, »das möchte ich gar nicht wissen!«

Sie hat nämlich bereits drei Kinder.

Dr. P., Dr. Dre, Dr. Motte und Dr. Alban

Ich habe wieder etwas gelernt, und zwar erneut aus dem Fernsehen, es ist schrecklich, man könnte meinen, ich bezöge mein gesamtes Wissen aus dem Fernsehen. Ich bin schon ganz davon durchdrungen! Hier, man kann es sogar nachlesen: Zweimal Fernsehen in einem Satz, das wäre doch nicht nötig gewesen! Dr. P., der Mann, der gar kein echter Doktor ist, sondern nur vortäuscht, einer zu sein, so ähnlich wie Dr. Dre oder Dr. Motte oder Dr. Alban, wobei ich mich zu erinnern meine, dass Dr. Alban möglicherweise sogar ein wirklicher, wahrer, waschechter Doktor ist, ein Arzt, ein Zahnarzt oder Kieferchirurg, so gaukelt es mir mein Gedächtnis zumindest vor; Dr. P. jedenfalls, der ganz klar falsche Doktor, rät mir immer, ich solle doch mal bei »Wer wird Millionär« mitspielen, was ich jedoch beharrlich ablehne.

Meine Allgemeinbildung ist nämlich mikroskopisch, man könnte auch sagen: sehr spezialisiert. Vielleicht würde ich also die Eine-Million-Frage beantworten können, aber wie soll ich nur so weit kommen? Und wer wären meine Telefonjoker? Ich kenne nur Experten für exotische Fachgebiete, zum Beispiel einen ehemaligen Ausweisfälscher, aber wie er mir bei mathematischen oder geologischen Problemen weiterhelfen soll, das weiß nur der Wind.

Apropos Wind! Einmal reiste ich aus beruflichen Gründen nach Datteln, mit öffentlichen Verkehrsmitteln. Ich reise gern mit öffentlichen Verkehrsmitteln, es ist immer wieder interessant zu erleben, was das für Menschen sind, die ihr Leben ohne Auto meistern. In Wahrheit sind es Menschen wie du und ich, vielleicht aber auch eher nur wie ich, du hast ja bestimmt ein Auto. Egal, jedenfalls liegt Datteln ganz in der Nähe von

Hamm, normalerweise huscht man mal eben kurz ein Stückchen die A2 entlang und schon ist man da. Mit dem Zug nicht. Mit dem Zug sowieso nicht, denn Datteln hat keinen Bahnhof. Datteln hat nicht einmal eine eigene Autobahn-Auf- bzw. Ausfahrt, zwar heißt die auf Datteln verweisende Auf- bzw. Ausfahrt offiziell Castrop-Rauxel/Datteln, doch befinden tut sie sich in Castrop-Rauxel. Nicht in Datteln.

Man kann sich aber von Castrop-Rauxel Hauptbahnhof aus mit dem Schnellbus, der seinem Namen überhaupt keine Ehre macht, nach Datteln befördern lassen. Während der Busfahrt von Castrop-Rauxel nach Datteln passiert man zahlreiche Haltestellen, eine davon heißt Autobahn-Auffahrt. Eine andere heißt Datteln Bahnhof. Ich finde, das alles sagt eine Menge über die Wünsche und Sehnsüchte der Dattelner aus.

Die Haltestelle, an der ich auszusteigen trachtete, hieß anders, doch auch hier bekam ich etwas geboten. In Datteln sind die Leute nämlich noch kreativ, sie streben nach dem Originellen, sie lehnen das Gewöhnliche ab. Anstatt Worte wie Sex, Penis oder Scheide an den Ampelpfahl zu schmieren, welcher nur wenige Schritte vom Bushaltestellenhäuschen entfernt lag, schmierten sie hier: BVB Pups. Es lässt sich kaum mit Bestimmtheit sagen, ob dies anklagend, verunglimpfend und verhohnepipelnd oder ausgelassen und fröhlich gemeint war. Das gefiel mir so gut, dass ich gleich ein Foto davon knipste.

Ich glaube ja nicht, dass Sie sich immer noch fragen, was ich denn nun Tolles aus dem Fernsehen gelernt habe, ich kann nämlich jeden Menschen, der meine Sprache spricht, schwindelig quatschen, ich kann so viel erzählen und vor allem so viel durcheinander erzählen, dass der arme Zuhörer dabei seinen eigenen Namen und den Geburtstag seiner Mutter vergisst. Na ja, aber falls doch: Ich habe a) gelernt, dass Heringe sich über Pupsen verständigen, womit wir also schon wieder beim Thema Wind sowie beim Thema BVB wären, und b) den Satz: Das Tarantelmännchen nähert sich dem Weibchen, indem es mit seinen behaarten Beinen knistert. Ich muss sagen, das wusste ich noch nicht, beides! Woher soll man so was wissen?

Anklagend, verunglimpfend,
verhohnepipelnd, ausgelassen oder fröhlich?

Das frage ich mich allerdings bei vielem, man könnte sogar sagen: bei erschreckend vielem. Es ist schlimm. Darum werde ich auch nicht bei »Wer wird Millionär« mitspielen, das können Sie sich abschminken. Als kleine Entschädigung möchte ich an dieser Stelle dafür sofort ein Wort mit fünf l bilden, das kann auch nicht jeder. Das Wort heißt: Schreibtischstuhlrollenkugellager.

Ärger ohne Weinbrandbohnen

Einmal ging ich zu Rewe. Normalerweise gehe ich immer zu Netto, ehemals Plus, und gelegentlich auch zu Kaufland, doch eines Tages hatte ich bereits früh in der Stadt zu tun, und zwar so früh, dass viele Geschäfte noch zu waren. Ziellos schlenderte ich herum. Die Straßen waren verwaist. Nein, die Straßen eigentlich nicht, die Straßen waren im Gegenteil sogar eher belebt, belebt durch den Berufsverkehr. Die Fußgängerzone aber glich einer Geisterstadt.

Mir blieb nichts anderes übrig als ein Schaufensterbummel. Dies weckte Begehrlichkeiten. Gern hätte ich etwa einen schönen Schuh erworben oder einen antiken Sekretär oder ein elegantes Negligé, doch da war nichts zu machen. Die Verkäufer schlummerten noch unter ihren Schlafmasken, träumten von Südseestränden, Kokospalmen im Wind, exotischen, freilaufenden Tieren und interessanten Hobbys, die sie im richtigen Leben gar nicht haben, wie zum Beispiel Polo oder Kricket.

Nur das Einkaufscenter war schon aus seiner Nachtruhe erwacht und bot so manches feil, darunter auch Lebensmittel. Die romantisch beleuchtete Obst- und Gemüseabteilung zog mich sofort in ihren Bann. In Sachen Beleuchtung ist Rewe anderen Läden weit voraus, das muss man den Rewebeleuchtungsexperten lassen! Jeder einzelne Zucchino wirkte glücklich und gelöst, im Kreis seiner Familie lag er behaglich in seinem Separee und wartete auf die Menschen, die ihm ein neues Zuhause geben würden. Alles, auch die Bananen, selbst die Biobananen, die immer etwas schwächlicher und keimbefallener wirken als ihre mit Chemie großgezogenen Verwandten, erschien vitamreich und strotzte nur so vor Spurenelementen.

Aus Spaß nahm ich einen Strunk Früchte mit, Früchte kann man immer brauchen, besonders in der kalten Jahreszeit. Dann gelangte ich in die Kühlabteilung. Links und rechts lockten Pudding und Quark, Mousse au chocolat und Frischkäse. Neugierig betrachtete ich das Joghurtangebot in dieser schlaraffenlandartigen Milchprodukteschneise. Da stach mir auch schon mein Lieblingsjoghurt ins Auge. Es handelt sich dabei um einen Sahnejoghurt mit Stracciatellazubereitung. Fünf Becher waren noch da, als hätten sie nur auf mich gewartet. Entschlossen begann ich, die blauweißgemusterten Pöttchen auf den Früchtestrunk zu laden.

Doch da ergriff mich jäh die Enttäuschung: Die cremige Leckerei war bereits seit Tagen abgelaufen! Ich den Joghurt natürlich wieder weggestellt, nächsten genommen. Zack, auch abgelaufen. Diesmal seit geraumer Zeit, präzise gesagt seit anderthalb Wochen. Um die restlichen drei Päckchen stand es nicht besser.

Ärger wallte in mir auf. Wütend schichtete ich die überalterten Mogelpackungen übereinander zu einem Turm des Schreckens, einem Obelisken der nachlässigen Hygiene und trug sie zur Kasse. Die Verkäuferin zeigte sich schockiert, was ich sehr angemessen fand. Heimlich spekulierte ich schon auf eine Prämie, die man ja häufig für das Aufspüren abgelaufener Nahrungsmittel bekommt.

Die Verkäuferin verschwand in einem Geheimraum. Gleich kommt sie mit einem Blumenstrauß wieder, dachte ich, oder vielleicht mit einer Packung Weinbrandbohnen? Doch es kam anders. Mit leeren Händen kehrte sie zurück.

»Die schenken wir Ihnen«, sagte die Verkäuferin und wies auf die vergreisten Joghurte, »aber dafür übernehmen wir dann keine Garantie!«

Wäre auch eine schöne Entschädigung gewesen:
Bücher über Bier!

Ich stellte mir vor, wie es unter der Deckelfolie nur so wimmelte vor Keimen, Sporen, Mikroorganismen und kleinen, bleichen Tieren.

»Die sind«, entgegnete ich, »aber ja wirklich schon etwas älter.«

»Das ist doch nur das Mindesthaltbarkeitsdatum«, wusste die Verkäuferin und war schon wieder ganz obenauf, »das können Sie problemlos essen! Wir übernehmen dafür nur keine Garantie. Nehmen Sie sie doch mit!«

Da Einkaufsgutscheine, Blümchen und Pralinen nicht in Sicht waren, entschied ich mich für die paar jüngeren Becher.

Zu Hause verspeiste ich sie schnell. Geschadet haben sie mir nicht. Gut, resümierte ich, der Mensch ist robuster, als man meint. Eigentlich ja logisch, die Ziege im Tierpark verträgt schließlich auch die Papiertüte, die sie so gern gemeinsam mit den darin wohnenden Waffelbröseln verschlingt, der Asiate verträgt das fermentierte Ei, was soll ein Joghürtlein von Neunzehnhundertzwölf da schon groß für Schaden anrichten?

Seitdem bin ich ganz entspannt, wenn mal wieder ein Gammelfleischskandal losgeht.

Stinkspuk im Buchenwald

Nachdem ich unlängst so intensiv über die Lage auf dem Wohnungsmarkt berichtet habe, sachlich, neutral, investigativ, wie es meine Art ist, möchte ich mich heute erneut dem Übersinnlichen zuwenden. Das Übersinnliche ist bekanntlich eng mit dem Unseriösen verwandt, mit dem Fadenscheinigen und dem etwas Albernen. Doch an dieser Stelle soll nicht sinnlos das Zwischenweltliche besprochen sein, nicht das Befördern des Nervenkitzels um des reinen Vergnügens willen ist Ziel dieser Reportage. Nein, nein. Es geht vor allem um den Regionaltourismus.

In ihrer grenzenlosen Abenteuerlust unternehmen die Leute ständig Flugreisen in Krisengebiete, gehen auf Kreuzfahrten unter oder besuchen englische Spukschlösser, um sich nächtelang zu gruseln. Zu Hause ist die Erschöpfung dann groß. Und was das alles gekostet hat! Das hätten Sie auch einfacher haben können, bequemer, vor allem näher. Nämlich: in der idyllischen Gaststätte Zum Buchenwald, dem schauerlichsten Bau in ganz Welver i. Westf.

Die Suche nach einem Drehort für einen Film hatte uns, den hochstaplerischen Dr. P. und mich, hergeführt. Wir benötigten dringend ein Spukhotel, aber England kam nicht infrage, da es sich, wie immer, um eine Low-Budget-Produktion handelte. Da erinnerten wir uns an eine Umleitung, die uns einst durch Welver gelotst hatte. Nacht war es gewesen, gewittrig. Chimärenhaft hatten die Buchstaben an der Häuserwand geleuchtet.

»Ach du meine Güte«, hatte ich ausgerufen, »wer nennt denn sein Restaurant Buchenwald?«

Was wir damals nicht hatten wissen können: Es ist gar kein Restaurant. Das historische Etablissement verfügt über einen Saal, in dem gelegentlich Schützenfeste abgehalten werden, eine Etage mit sechs schimmligen, nicht mehr genutzten Hotelzimmern und eine Wohnung unter dem Dach, die ab und zu vermietet wird, aber nie für lange. Seit wir im Rahmen der Vorbereitungen für den Dreh einen Schlüssel bekommen hatten und munter im Haus herumvagabundieren konnten, wann immer wir wollten, wissen wir auch, warum.

»Da spukt es«, schilderte Dr. P. seine Eindrücke, nachdem er zum ersten Mal allein die Räumlichkeiten ausgekundschaftet hatte, »ohne Witz. Da würde ich nicht für fünfzigtausend Euro eine Nacht verbringen!«

Und das will etwas heißen, denn der Mann ist normalerweise sehr bestechlich.

»Ich habe hinter mir abgeschlossen«, fuhr er fort, etwas blass und augenscheinlich sehr beeindruckt, »und bin dann nach oben gegangen, zu den Hotelzimmern, und die Zimmer waren auf!«

Wir erinnerten uns, dass sie bei der Begehung mit der Inhaberin der Gaststätte Buchenwald verschlossen gewesen waren.

»Der eine Raum war ganz weiß«, berichtete der falsche Dr. P. weiter, »voller Vierzigerjahremöbel, und das Bett war zerwühlt, als wäre gerade nur kurz einer aus dem Zimmer gegangen!« Er schauderte. »Und dann schlug eine Tür«, beendete er seinen Vortrag.

»Cool«, fand ich, »das will ich auch sehen!«

»Da würde ich nicht für fünfzigtausend Euro eine Nacht verbringen«, wiederholte Dr. P.

Am nächsten Tag kam ich mit. Ich hielt es kaum aus vor Spannung! Dr. P. rüttelte vergeblich an der Tür zur Hoteletage.

»Zu!«, bellte er und erbleichte. »Gestern war sie noch auf!«

130

Dieses Glas verrät nichts über seine schlimme Umgebung.

Da bog ein Lieferant um die Ecke, der Bier brachte für das nächste Schützenfest.

»Kein Wunder«, sagte er fröhlich, »hier spukt es!«

»Nicht für fünzigtausend Euro«, wisperte Dr. P., »würde ich hier übernachten!«

Man muss allerdings dazusagen, dass ihm bislang noch niemand ein Angebot in dieser Richtung gemacht hatte.

Am ersten Drehtag überraschte uns das Haus mit einem Stinkspuk. Es waren vierzig Grad im Schatten und der Saal bestand komplett aus altem, vermodertem Gehölz. Der Gestank war nasenbetäubend! Außerdem gab es eine in die Wand eingelassene Bühne, die nach vorn hin ein Gefälle aufwies. Die Bühne war über zwei Meter hoch. Eine Absperrung gab es nicht.

Und dann hatten wir Glück: Das ehemalige Hotel spielte mit und ließ uns zum Filmen in die Hotelzimmer. Wir hofften auf Gespensterparaden, Geisterkomplotte und unheimliche Geschehnisse. Oberflächlich betrach-

131

tet blieb alles ruhig. Bis wir das Material sichteten. Hier endet diese schöne Geschichte mit einem super Cliffhanger ins Nichts!

Mieten Sie sich doch einfach mal selber ein im Buchenwald. Wenn Sie sich trauen!

Erfahrungen bei der Post

Das letztjährige Weihnachten verbrachte ich als Briefträgerin bei der Post.

An und für sich wäre das nicht schlimm gewesen, denn man bekommt mit ein bisschen Glück jede Menge Geschenke angeboten. Leider aber nicht von jedem. Manche Leute fangen gern Gespräche an, statt etwas zu verschenken, haben Fragen oder Wünsche oder teilen einem ihre Meinung zu den herrschenden Wetterverhältnissen mit.

Sie sagen zum Beispiel: Heute ist es aber glatt! Sind sie schon hingefallen?

Meistens ist man noch nicht hingefallen, denn wäre man hingefallen, hätte das böse ausgehen und einen Krankenhausaufenthalt nach sich ziehen können, der die weitere Zustellung vereitelt hätte. Das sage ich aber nie. Ich sage auch nicht: Nein, alles wunderbar, wo ist mein Geschenk?

Dies denke ich jedoch im Stillen in mich hinein, vor allem, da ich vergangenen Heiligabend sehr verwöhnt worden bin, was die Geschenke anging. Ich heimste insgesamt fünfunddreißig Euro Trinkgeld, eine Packung Dominosteine, eine Tafel Weihnachtsschokolade, ein exklusives Päckchen mit einer Spezialität aus weißem Nougat und keinerlei Schnäpse ein. Doch ganz ohne Alkohol musste ich meinen Arbeitstag trotzdem nicht überstehen, wie sich noch zeigen wird.

Jedenfalls war es bitterkalt, es hatte bereits die ganze Woche über geschneit und ich trug geliehene Schneestiefel, die mir eine Nummer zu klein waren. Außerdem hatte jemand die schöne Idee gehabt, zahlreiche Werbebriefe für ein Katzenfutter namens Miamor zu versenden, sodass alles doppelt so lange dauerte wie normalerweise, denn viele Menschen, die an Heiligabend keine Post erhalten hätten, erhielten einen Miamorbrief. Vielleicht hatte es der Miamor-Chef nur gut gemeint.

»Passen Sie bloß auf«, ermahnte mich eine ältere Dame, als ich mich eine besonders rutschige, zu einem in großer Höhe gelegenen Briefkasten emporführende Treppe hinaufhangelte, »besonders da vorne, da ist gar nicht gestreut! Wissen Sie, was dem letzten passiert ist?«

»Nein«, sagte ich, und versenkte den Miamorbrief in seinem Behälter wie ein Profibasketballer den Ball im Korb.

»Der hat sich beide Beine gebrochen«, gab mir die Dame gern Auskunft, »mehrfach!«

Als nächstes traf ich eine Frau, die schon auf mich gewartet hatte. Allerdings nicht auf mich persönlich, wie sich herausstellte.

»Sie sind zwar eine andere«, sagte die Frau, die pfeilschnell die Tür aufgerissen hatte, als sie mich nahen hörte, »aber ich möchte Ihnen trotzdem das hier überreichen.«

In der Hand hielt sie eine Packung Mon Chéris. Ich fand, dass sie sich angesichts der vorab von mir eingenommen fünfunddreißig Euro Trinkgeld ein bisschen viel auf ihre Mon Chéris einbildete, verschmähte sie aber nicht.

Als ich außer Sichtweite gelangt war, beschloss ich, mich zu stärken. Ich wählte die Mon Chéris, denn von ihnen versprach ich mir eine Besserung meines Befindens. Tatsächlich begann schon nach wenigen Portionen meine Zunge zu kribbeln und ich fühlte mich angenehm erwärmt. Als ich die Packung geext hatte, wurde mir lustig zumute, sodass ich vergnügt vor mich hin schlingerte. Ich glaube, ich habe sogar gekichert. Hat jemand an Heiligabend möglicherweise auf der Münsterstraße in Hamm i. Westf. eine kichernde Postbotin beobachtet, die Schlangenlinien fuhr? Das war ich.

Ich möchte mich im Nachhinein noch einmal ganz herzlich bei der Frau mit den Mon Chéris dafür entschuldigen, dass ich ihre Gabe innerlich zuerst nicht gebührend wertgeschätzt habe. Vielleicht komme ich ja dieses Jahr wieder vorbei. Ich erwarte kein Geld, halten Sie einfach wieder die Schnäpse mit der Piemont-Kirsche bereit. Und diesmal werde mich freuen, versprochen!

Ideal bei der Zustellung: Schnaps und Popcorn!

Ich finde Bauchtanz gut!

Man könnte ja meinen, Herren liebten Bauchtanz. Leichtbekleidete Damen in klirrenden Glitzerfähnchen, das müssten sie doch eigentlich begrüßen! Tun sie aber nicht. Jede Frau, die mal ein Bauchtanzfest mitgemacht hat, weiß, wie kompliziert es ist, männliche Freunde, Verwandte, angeheiratete Verwandte, Bekannte, Arbeitskollegen, Vereinskumpane, Parteifreunde, Mitschüler oder ehemalige Mitschüler, Kommilitonen oder ehemalige Kommilitonen als Publikum zu gewinnen. Da fangen die Herren nämlich zwanghaft an sich zu winden und nach Ausreden zu suchen, wie: Da bin ich schon woanders eingeladen, da habe ich noch einen Krankenschein und darf nicht beim Ausgehen erwischt werden oder da bin ich kurzfristig im Urlaub! Manche sagen auch einfach, wie es ist: Ach nein, da gucke ich lieber Fernsehen.

Wie kommt das? Fürchten sie sich, in eine Falle gelockt zu werden? Ja und nein. Meistens wissen sie aus den Erzählungen der Freundin, Verwandten, angeheirateten Verwandten, Bekannten, Arbeitskollegin, Vereinskumpanin, Parteifreundin, Mitschülerin oder ehemaligen Mitschülerin, Kommilitonin oder ehemaligen Kommilitonin, dass bei einem Bauchtanzfest nichts Schlimmes passiert. Selten, sehr selten, quasi nie kommt es zu Handgreiflichkeiten oder tumultartigen Ausschreitungen, man muss sich nicht fürchten, Opfer von Gewalttaten oder Flammenwerfern zu werden, wie beispielsweise bei einem Hooligantreff oder einer zünftigen Autonomensause. In dieser Hinsicht sind Bauchtanzfeste ziemlich sicher! Normalerweise handelt es sich dabei um bestuhlte Veranstaltungen, sodass auch der Rücken nicht belastet wird durch langes Stehen, wie es oftmals vorkommt bei Konzerten oder Aufläufen internationaler YouTube-Stars, wo die Menschen stundenlang hinter Absperrungen lungern und reihenweise Bandscheibenvorfälle erleiden, weil sie beim Herumstehen nicht auf ihre Lendenwirbelsäule geachtet haben. Häufig gibt es sogar etwas zu essen.

Trotzdem existiert der ein oder andere Pferdefuß, man muss es leider zugeben.

Punkt eins: Das Bauchtanzfest an sich neigt etwas zur Überlänge. Unter vier Stunden machen es die meisten nicht. Und das muss man erst mal aushalten, vier Stunden Prunk und Orientflair! Das ist nicht für jeden was. Wenn der Freund, Verwandte, angeheiratete Verwandte, Bekannte, Arbeitskollege, Vereinskumpan, Parteifreund, Mitschüler oder ehemalige Mitschüler, Kommilitone oder ehemaliger Kommilitone an Orientflair denkt, wünscht er sich ein klimatisiertes Hotel mit Pool und Erfrischungen und vielleicht noch ein paar Pyramiden im Hintergrund, die man gelegentlich besichtigen kann. Da stört es auch nicht, wenn ein, zwei Mal in den drei Wochen Urlaub eine Bauchtänzerin vorbeigerauscht kommt, das nimmt man gerne mit, aber mehr muss auch nicht sein!

Manchmal finden sogar die Tänzerinnen selbst die Feste etwas lang.

Einmal war ich mit einer Gruppe bei einem Jubiläums-Bauchtanzfest, das zweimal hintereinander das gleiche Programm zeigte, vor unterschiedlichen Gästen. Die Show ging jeweils sechs Stunden. In der Nacht, als alles vorbei und überstanden war, wussten wir nicht mehr, wie spät es war, wie viele Tage inzwischen vergangen waren, ob Sommer oder Winter herrschte usw.

Publikum bei einer Bauchtanzveranstaltung: Alles Frauen!

Wir litten noch lange Zeit danach an einem wiederkehrenden Albtraum, in dem wir erneut auf die Bühne gerufen wurden, weil wir schon wieder dran waren.

Punkt zwei: Es ist erwünscht, dass durchgehend Freude über das Dargebotene geäußert wird. Auf einen konstanten Jubelpegel wird großen Wert gelegt! Das ist natürlich anstrengend und auch nicht für jeden was. Die durchschnittliche Bauchtanzfestbesucherin ist am Abend heiser und nimmt sich die nächsten zwei Tage frei.

Wir lernen also: Der Herr liebt nicht das Bauchtanzfest. Der Herr liebt den Bierabend und das Fußballspiel, nicht so sehr die Kunst, den Rumpf, die oberen und unteren Bauchmuskeln oder die Hüftgelenke einzigartige Kunststücke vollführen zu lassen. Sie lieben das Einfache und Überschaubare, und warum auch nicht? Frauen gibt es ja genug, insofern mangelt es den Bauchtanzfesten nicht an Fans.

Bauchtanz sagt man übrigens nicht, wenn man als Tänzerin auf sich hält. Man sagt Orientalischer Tanz. Ich aber nicht, ich finde Bauchtanz gut!

Der Ulf

In meinem Zimmer wohnt jetzt ein Ulf.

Der Ulf ist rötlich und besteht aus drei Stämmlein, die auf den ersten Blick mit kleinen, rundlichen Blättern, auf den zweiten Blick auch mit Stacheln besetzt sind. Da zunächst nicht herauszufinden war, um was für eine Art von Gewächs es sich handelt, bürgerte sich bereits am ersten Tag die Bezeichnung Ulf für den neuen Mitbewohner ein.

Mittlerweile weiß ich, dass es sich um eine Wesenheit mit dem schönen Namen »Euphorbia trigona« handelt. Das Internet kennt ja vieles, es hat den Ulf sofort gefunden, obwohl ich lediglich »Kaktus rot« gegoogelt hatte. Eine tipptopp Meisterleistung vom Internet, wie ich finde, denn erstens gibt es zahlreiche, um nicht zu sagen unzählige, wenn nicht gar zahllose Kakteen mit was Rotem dran, darunter total beliebte Sorten, die man aus jedem Netto, Pennymarkt, Kaufland kennt, denn der Kaktus ist ja ein genügsamer und pflegeleichter Zeitgenosse, der gern erworben wird. Und zweitens ist der Ulf gar kein Kaktus. Es ist eine weit verbreitete, jedoch in die Irre führende Gewohnheit, alles, was Stacheln oder Dornen trägt, für einen Kaktus zu halten. Der Ulf zählt jedoch vielmehr zur variantenreichen Gattung der Sukkulenten. Die Sukkulenten sind die Kamele und Dromedare unter den Pflanzen; wenn sie sich einmal so richtig erfrischt haben, speichern sie das genossene Wasser in ihren körpereigenen Geheimfächern. Wo genau der Ulf diese Fächer hat, ist schwer zu sagen, nichts an seiner länglichen, eleganten Gestalt deutet darauf hin. Es deutet ferner nichts darauf hin, dass in seinem Inneren gefährliche Gifte walten. Damit wehrt er sich gegen Fressfeinde, kaum kommt einer vorbei und knabbert

heiter drauflos, weil er denkt: Mjam, mjam, wie appetit-
lich!, ist es auch schon vorbei mit dem Frieden und dem
Wohlbefinden, zuerst Haut- und Schleimhautreizung,
dann Kollaps, dann Tod.

Das ist aber nicht der einzige Nachteil des Ulfes, ich
habe nämlich gelernt, dass er einen Meter achtzig groß
wird. Das hätten sie mir mal vorher sagen können im
Blumenladen, da hätte ich mir die Anschaffung noch
mal überlegt! Aktuell misst er um die zwanzig Zentimeter, das lass ich mir ja noch gefallen, aber wenn das
nachher ausartet, wie mit den Rosen, die man übrigens
niemals für Kakteen hält, obwohl sie ebenfalls Dornen
haben, dann kann ich für nichts garantieren. Dann muss
ich vielleicht bis zum Äußersten gehen und den Ulf an
der Raststätte aussetzen!

Apropos Rosen. Seit ich Rosenfan bin, wissen die
Leute immer, was sie mir schenken können. Es ist wie
bei meinem Vater mit den Enten. Vor vielen Jahren gab
mein Vater bekannt, er liebe Enten, und zwar in jegli-
cher Form, als Entennippes, Entendekor, Entenuhren,
Entenservice, alles, und das war super, es war eine
Freude, ihm Geschenke zu machen! Während andere
Töchter und Söhne ächzen und stöhnen, was schenk ich
bloß meinem Vater, was schenk ich bloß meinem Vater?
Schon wieder eine Krawatte oder einen schönen Her-
renduft von Pitralon? Tennissocken? Bohrmaschine? Er
hat ja alles! Tja, diese Probleme kannte ich nicht, jahre-
lang nicht, sie waren mit vollkommen fremd.

Bis zu dem Tag, als mein Vater verkündete, er
sammle keine Enten mehr. Das war schlimm. Auf einmal fand ich mich wieder in Onlineshops zum Thema
»Geschenke für den Mann« oder »Geschenke zum Va-
tertag« oder »Biergeschenke«.

Der Ulf und sein kleiner Bruder.

Ich glaube, so ähnlich werden bald meine Freunde und Verwandten empfinden. Es geht nämlich so langsam nicht mehr. In meinem Zimmer hausen, abgesehen vom Ulf, einem efeuartigen Gestrünk und vier namenlosen kleinen Pflänzlein, die nicht weiter auffallen, inzwischen sage und schreibe siebzehn Rosen, die alle sehr zum ausufernden Wachstum neigen. Einige davon kamen als Überraschung, eine weitere war ein Wunsch. Sie heißt Annapurna, duftet, ist weiß und schwer zu bekommen. Eine freundliche Bekannte hat es dennoch geschafft und sie in ihrem Garten aufbewahrt, bis sich ein Treffen ergab.

Ich freute mich sehr über Annapurna und stellte sie gleich zu anderen. Nur wenig später bevölkerten eine grüne Spinne (klein), eine schwarze Spinne (groß), ein

143

Käfer unbekannter Art und Herkunft sowie mehrere erstaunlich kolossale Ohrenkneifer den Raum. Die nächste Rose, die einzog, lagerte ich nach dieser Erfahrung erst einmal auf dem Balkon. Sie heißt Steffi Graf und ich hoffe, dass sie sich mit dem Ulf, der Annapurna und all den anderen gut versteht. Wenn nicht, im Zweifelsfall: Raststätte.

Tattoos für umsonst!

Einmal verdingte ich mich als Hinterhoftätowiererin, doch dafür kann mich niemand mehr verklagen, denn diese Tätigkeit ist bereits seit langer Zeit verjährt. Neuerdings arbeite ich allerdings an einem Revival.

Urplötzlich musste ich nämlich immer mal wieder daran denken, wie mir die Leute damals überraschend häufig Geld gaben, das ich gar nicht verlangt hatte. Ich wusste ja in etwa, wie es um meine Qualitäten stand. Daher sagte ich standardmäßig: Gebt mir einfach, was ihr meint! Die Leute meinten es dann oft unverhältnismäßig gut mit mir. Vielleicht, dachte ich, kann ich daran anknüpfen. An die ruhmreichen Zeiten, als ich die Nadeln noch in der Küche meiner Eltern selber lötete, die ganze Unterwelt vor mir Respekt hatte und ich dauernd unaufgefordert bezahlt wurde. Es wäre doch schade, überlegte ich kritisch, etwaige Talente in dieser Richtung, die möglicherweise noch in mir schlummern, einfach so vermodern zu lassen!

Gesagt, getan. Mittlerweile kann man sich ja alles nur Erdenkliche im Internet besorgen. Toll, dachte ich, das ist ja spitzenmäßig, und die Nadeln muss man auch nicht mehr selber löten! Es konnte also losgehen.

Zum Glück traf ich im richtigen Moment schicksalshaft auf einen alten Bekannten, der sich mit der Materie auskannte. Und er hatte auch noch ein Übungsbein. Das war top, ich lebte mich sofort daran aus.

»Jetzt solltest du dir aber mal langsam echte Kunden suchen«, riet mir mein neuer Lehrer nach einiger Zeit.

Ich war jedoch skeptisch, denn ich erinnerte mich noch gut an früher. Da hatte ich meine ersten Fremden bei Edeka angesprochen.

»He, ihr«, hörte ich mich in der innerlichen Rück-
schau deutlich sagen, »wollt ihr Tattoos für umsonst?
Ich hab das allerdings noch nie gemacht!«

Davon ließen sich die beiden Haudegen nicht ab-
schrecken. Richtig glücklich hatten sie jedoch nicht
ausgesehen, als ich mit ihnen fertig war. Na ja, keiner
kann behaupten, ich hätte sie nicht gewarnt. Doch zurück in die Gegenwart. Passenderweise begegnete mir
am nächsten Tag mein einer Exfreund beim Einkaufen.
Zufällig entsann ich mich, dass er immer sehr gesellig
gewesen war und sicher auch heute noch über einen
beträchtlichen Freundeskreis verfügte.

»Du«, rief ich, ich habe seinen Namen nicht vergessen, aber ich nannte ihn immer anders, als alle anderen
ihn nannten, weil er einen Kosenamen besaß, den ich
nicht gern aussprach, der aber von allen anderen gern
und vorbehaltslos ausgesprochen wurde, was mich wiederum dazu veranlasste, den echten Namen des Ex-
freundes weitgehend für mich zu behalten, um mich
nicht durch Extrawürste und wunderliches Betragen
vorsätzlich auszugrenzen, »du«, rief ich also, »hör mal,
ich tätowiere jetzt wieder!«

Der Exfreund verharrte und lächelte freundlich.

»Das kannst du ruhig weitersagen«, winkte ich mit
dem Zaunpfahl.

»Hm«, sagte der Exfreund und kratzte sich nachdenklich am Kinn, »heutzutage ist den Leuten aber auch
wichtig, wie es aussieht. Nicht nur, dass es umsonst ist.«

Ich war sofort beleidigt.

»Ich mache das mittlerweile gut«, versicherte ich steif
und fest, »sogar sehr gut!«

Na ja, dachte ich, wir wollen es mal nicht übertrei-
ben.

Der Exfreund hob eine Braue.

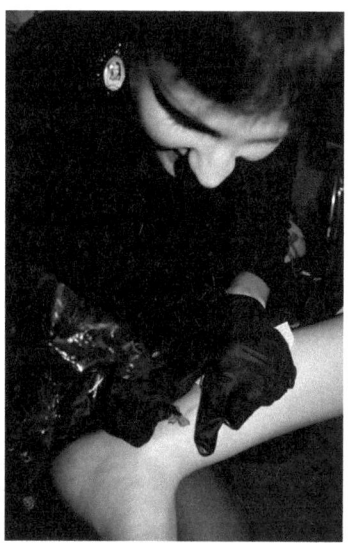

Fußdekor: Kann man machen!

»JA«, bekräftigte ich mit unglaublichem Nachdruck.

Klappern gehört schließlich zum Handwerk. Wo gehobelt wird, da fallen Späne. Wenn man beide Sprichwörter zusammenfasst oder sie zwischendurch einfach mal abwechselnd gebraucht, kommt man, was mich betrifft, doch sehr dicht an die Realität heran.

Inzwischen habe ich meine Marketingstrategie jedoch schon wieder geändert. Ich bin einfach eher der bescheidene Typ. Als Werbung trage ich nämlich nun, statt zu prahlen, understatementmäßig ein dezentes Bild am Fuß mit mir herum. Und wenn mich einer fragt, zum Beispiel: Wo hast du das denn her?, dann sage ich einfach: Selbstgemacht!

Und schon sind die Leute ganz aus dem Häuschen vor Neugier. Wenn also jemand Interesse hat, sich mir als Übungshaut zur Verfügung zu stellen: Ich kann gut kleine, rosa Schleifchen, Pünktchen und Kleinkram. Nicht so gut kann ich Sterne. Aber wer weiß, vielleicht sind Sterne ja die Arschgeweihe der Zukunft.

Blutige Girlanden

Wie jeder weiß, haben die Leute ja ständig Geburtstag.

Man hat Weihnachten mit all seinen Aufmerksamkeitsverpflichtungen, Überraschungserwartungen und aufreibenden Bewichtelungsaktionen noch gut in Erinnerung, da stehen auch schon die nächsten Feierlichkeiten ins Haus. Verwandte, Freunde, Arbeitskollegen – durchschnittlich alle fünf Minuten lässt sich jemand dazu hinreißen, seinen Ehrentag, Namenstag, St.-Nimmerleinstag, ein Jubiläum, eine Hochzeit, Silberhochzeit, Goldhochzeit, eine Geburt, Taufe, Firmung, Kommunion, Konfirmation, Abitur, das Erlangen der Doktorwürde, die bestandene Führerscheinprüfung oder den Valentinstag festlich zu begehen. Eigentlich wäre das alles nicht nötig, man könnte stattdessen friedlich und unaufgeregt vor sich hin leben, das Personal und die Angestellten herumkommandieren, ein bisschen an der Börse spekulieren und sich nach getaner Arbeit zur Entspannung ein Körnerkissen warm machen, ein erfrischendes Fußbad nehmen und dem Alltag naturgetreu nachgebildete Serien mit Laiendarstellern gucken.

Doch die Verhältnisse, sie sind nicht so, wie man weiß. Die Verhältnisse sind vollkommen andere, denn wenn auch der moderne Mensch gern von Entschleunigung phantasiert und mit kontemplativen Klosterurlauben in abgelegenen Bergregionen liebäugelt, wünscht er sich insgeheim Zerstreuung, Unterhaltung und Erlebnisse, denn er hat gelernt, dass man leicht etwas versäumt, wenn man gerade nichts erlebt, und prompt hat man auch schon den Anschluss an all seine Mitmenschen bei Facebook, Twitter und so weiter verpasst und vereinsamt stehenden Fußes. Kurz: Der moderne Mensch wünscht sich Action.

Und deshalb werde ich fürderhin nur noch ein einziges Produkt verschenken, das allen Bedürfnissen gerecht wird: Die Deluxe Actionfigur Miracle Jesus. Für nur 23,95 kommt sie komplett mit einem kleinen Krug, fünf Broten und zwei Fischen ins Haus gerauscht. Und wenn es dunkel wird, fängt sie auch noch an zu strahlen wie vier ganze Atomkraftwerke.

Bisher ist das alles aber noch nichts weiter als ein Vorhaben beziehungsweise ein guter Vorsatz, schließlich sind 23,95 ganz schön happig, in meinen Augen. Deshalb habe ich zunächst mit dem günstigeren Gliding Jesus begonnen. Ich habe ihn bereits an meine beste Freundin Chelsea, die sich sehr gefreut hat, und an einen Unbekannten, der mir einstmals zu Weihnachten als Wichtelopfer zugeteilt worden ist, verschenkt. Ob der Unbekannte sich gefreut hat, lässt sich nicht eindeutig sagen.

Eine weitere Kleinigkeit, die ebenfalls jeder gebrauchen kann, stammt aus der Kategorie Haushalt & Küche, wobei der Küchenaspekt eher ein symbolischer ist. Es handelt sich um formschöne Fleischpflaster in einer zirka zigarettenschachtelgroßen Box. Die Pflaster sind überraschend groß und steakförmig. In der Verpackung befindet sich außerdem eine kleine Kuh. Dies ist also auch ein schönes Geschenk für Personen mit Kindern, oder besser gesagt einem Kind, denn sonst gibt es wieder nur Streit um die Kuh, es kommt zu Verletzungen, Schürfwunden, Brüchen und dann wird seitens der Kinder natürlich auf den eleganten Pflastern bestanden und bums, schon sind sie noch am gleichen Tag aufgebraucht und das ist ja nun wirklich nicht im Sinne des Erfinders. Glaube ich.

Ferner kann ich nur dazu raten, für nur 9,95 die Blutige Girlande zu verschenken. Sie ist zweihundertneunundzwanzig Zentimeter lang und mit täuschend echt erscheinenden gebrauchten Schlachtermessern, Scheren, Beilen und Sägen behangen. Nach Einsatz dieses Geschenks hat man vielleicht das Glück, weniger häufig irgendwo eingeladen zu werden.

Vergleichsweise günstig: Gliding Jesus.
Foto: Chelsea.

Urlaub 2.0

Der Sommer neigt sich dem Ende zu, die Zeit der Reiseberichte bricht an.

Viele Menschen neigen dazu, Ferien zu machen, in der Südsee oder im hohen Norden, in der Eifel oder in den Alpen. Mit den Alpen kenne ich mich aus, denn die Alpen waren über Jahre hinweg das konstante Urlaubsziel meiner Familie. Ein Urlaub in den Alpen bestand hauptsächlich aus dem Blick auf wolkenverhangene Gipfel, dichte Regenfronten und Gewitter, die einen immer ausgerechnet dann überraschten, wenn man gerade auf einer Art Strickleiter eine felsige Schlucht überquerte, auf dessen Grund ein reißender Strom schäumte.

So kam es, dass ich mich in meiner frühen Jugend regelmäßig mit vielen fremden Menschen in Wanderbekleidung und Regencapes unter Felsvorsprüngen drängte und Schutz vor Hagel und Blitzen suchte.

Doch nicht nur die Witterung ist im Gebirge unberechenbar, auch die Steinschlaggefahr ist groß. Kurvt man in den Alpen gemütlich ein paar steile Serpentinen entlang, haben mindestens drei von fünf entgegenkommenden Fahrzeugen strahlenförmig angeordnete Risse auf der Windschutzscheibe, die von der drohenden Gefahr herabstürzender Gerölllawinen künden. Gerade noch mal Glück gehabt, signalisieren einem die Risse, aber dank der ein- und aufdringlichen Werbefreudigkeit der Firma C. (»C. repariert, C. tauscht aus«) wissen wir: So ein Riss, und sei es nur ein Haarriss, kann die komplette Scheibe zur Explosion anstiften, und zwar mit bösen Konsequenzen, insbesondere wenn unmittelbar im Anschluss an die Leitplanke ein kilometertiefer Abgrund dräut, der dem Anschein nach direkt in den Höllenschlund mündet.

Doch nicht nur Gesteine kommen in den Alpen gern von oben, auch Bergtiere. So fiel uns zum Beispiel einmal während der Fahrt urplötzlich eine Gams auf die Motorhaube. Als ich groß genug war, alleine in den Urlaub zu fahren, wollte ich daher zur Abwechslung gern mal etwas anderes erleben, weniger Abenteuer, mehr Entspannung. Außerdem zog es mich an Orte, an denen die Leute echtes Ausländisch anstelle deutscher Dialekte sprechen. Lange Zeit hatte ich daher die Malediven als erstrebenswertestes aller möglichen Reiseziele im Sinn, ich hatte mich regelrecht darauf versteift. Leider kannte ich jedoch niemanden, der sich eine Maledivenreise leisten konnte, und dann auch noch für zwei Personen.

Deshalb wählte ich eines Tages gemeinsam mit meiner besten Freundin Chelsea ein günstiges Angebot aus dem Reisekatalog aus. Es war Venedig. Auf dem Hinweg mit dem Reisebus erfuhren wir, wie die Alpen von hinten aussehen, nämlich mediterran, dunstig und romantisch. Ich ärgerte mich, dass ich bisher nur die raubeinige, unwirtliche Vorderseite mit ihren schrecklichen Wetterverhältnissen hatte kennen lernen dürfen.

Nach nur achtzehn Stunden Fahrt kamen wir auch schon im Hotel an, das an einer schnurgeraden Schnellstraße lag. Neben dem Parkplatz gab es einen Pool, der in der Nacht von verschiedenen Seiten bunt beleuchtet wurde. Die Vorhänge im Speisesaal und in unserem Zimmern sowie die Überdecke unseres Doppelbetts waren aus einem geblümten, abwaschbaren Kunststoff gefertigt, der an Gartentischdecken aus den Siebzigerjahren erinnerte. Chelsea und ich fielen sofort in einen bleiernen Schlaf.

154

Dieses Bild könnte auch in Venedig hängen!

Am nächsten Tag fuhren wir mit öffentlichen Verkehrsmitteln in das Zentrum Venedigs, die Lagune, hinein, kauften Andenken und fuhren mit dem Vaporetto. Das Vaporetto war ein schwimmender Linienbus, der nach Fahrplan auf dem Canale Grande herumgondelte. Wenn man gerade nicht Vaporetto fuhr, sondern zu Fuß die Umgebung erforschte, halfen einem die zahlreichen Hinweispfeile, auf denen Per Rialto oder Per San Marco stand. So schafften wir es, an einem Tag ganz Venedig abzuklappern. Danach traten wir erschöpft die Heimfahrt an. Das war im Jahr Neunzehnhundertachtundneunzig.

Ich glaube, ich könnte allmählich mal wieder einen Urlaub vertragen. Vielleicht klappt es dann ja auch mal endlich mit den Malediven.

Amsel, Drossel, Fink und Star in 3D

Ich bin ja ein Mensch mit vielen Vorurteilen. Vorurteile sind etwas Schönes, sie unterteilen die Welt benutzerfreundlich in verschiedene Schubladen, wohinein man die Leute und Begebenheiten, mit denen man Tag für Tag konfrontiert wird, übersichtlich einsortieren kann.

Ein großes Vorurteil hegte ich zum Beispiel bislang gegen den 3D-Hype. 3D, dachte ich, 3D, so ein Firlefanz, ich habe den ganzen Tag 3D, dank meiner paarig vorkommenden Augen. Es sind keine sehr guten Augen, aber für 3D reicht es gerade noch. Wo also, dachte ich, ist nun der Witz? Deshalb sträubte ich mich konsequent dagegen, in Avatar zu gehen. Das tue ich gern. Mit großer Leidenschaft verweigere ich mich Filmen, in die alle gehen. Dementsprechend war ich nicht in Titanic und auch nicht in Harry Potter. Merkwürdigerweise war ich allerdings in Twilight, wie konnte das passieren? Manchmal ist man sich ja selbst ein Rätsel, wie zum Beispiel wenn man morgens aus dem Haus geht und sich nicht mehr daran erinnern kann, den Herd ausgemacht zu haben. Beziehungsweise die Kaffeemaschine, den Herd hat man ja eher abends nicht ausgemacht, wenn man sich gerade eine Pizza erhitzte, um wenig später zu einem Rendezvous aufzubrechen.

Auf jeden Fall ist man urplötzlich, leider aber meist schon längere Zeit nach dem Weggang aus der Wohnung fest davon überzeugt, ein gefährliches Elektrogerät nicht ausgeschaltet oder aber eine Kerze nicht gelöscht zu haben. Eine einzelne Kerze kann ganze Häuserzeilen verwüsten, Existenzen zerstören, Familien ausmerzen. Meistens hat man das Elektrogerät dann aber doch ausgeschaltet, obwohl man sich beim besten Willen nicht mehr an die Tat selbst erinnern kann.

Original transsylvanische Dracula-Tasse:
Hüpft nicht von Ast zu Ast!

So ähnlich ging es mir mit Twilight. Da saß ich auf einmal im Kino, erblickte zahlreiche junge Mädchen, die alle meine Töchter hätten sein können, und fragte mich: Warum? Wo ich aber schon mal da war und bezahlt hatte, blieb ich und sah Edward dabei zu, wie er von Ast zu Ast hüpfte wie eine muntere Amsel, eine Drossel, ein Fink oder ein Star. Ich fand das kein vernünftiges Verhalten für einen Vampir, aber was will man machen. Mich hat ja mal wieder keiner gefragt, obwohl ich den Film sehr viel besser gemacht hätte als Regisseur, klar.

Doch ich wollte über 3D sprechen, wie mir soeben wieder einfällt. Avatar habe ich also verschmäht, Alice im Wunderland jedoch nicht. Alice im Wunderland sollte als Film aberwitzig, extravagant und wie eine Wahnvorstellung sein, das gefiel mir. Meine Vorurteile gegen 3D waren sofort wie weggeblasen und ich setzte mir unternehmungslustig die Kinobrille auf, wie alle anderen vierzigtausend Besucher. Es war leider sehr voll an jenem Samstagabend, und die Luft im Saal war schwül wie im Reptilienhaus. Ich wandte mich zu meinen Mitmenschen um und hätte gern ein Foto gemacht. Schade, dass man nicht gleichzeitig nach vorne, auf den Film, und nach hinten, auf die Leute, gucken kann. Die Leute machen sich ja kein Bild davon, wie sie aussehen mit den Kinobrillen, wenn sie zu so vielen sind. Na ja, egal.

Da fing auch schon der Film an und ich wurde abgelenkt. Zuerst kritisierte ich innerlich, dass man ein winziges Ideechen doppelt sah, wenn man, wie ich, nicht genau in der Kinomitte Platz genommen hatte. Wenn ich das gewusst hätte, dann hätte ich einfach rechtzeitig einem Menschen mit Paradeplatz in der Mitte mit der Popcorntüte eins übergebraten und mich seines Sitzes bemächtigt, während er ohnmächtig zu meinen Füßen die Vorstellung verschlafen hätte. Doch nun war es zu spät, es saßen dicht gedrängt lauter Zeugen um mich herum, das hätte alles nichts gebracht. Also nahm ich das Doppelsehen widerwillig in Kauf.

Dann jedoch wurde es auch schon interessant. Ganz ohne Vorwarnung schoss man gemeinsam mit Alice in den Kaninchenbau hinab. Später kamen immer wieder Gegenstände auf einen zugeflogen, Schmetterlinge, Teetassen und so weiter. Wobei ich mir bezüglich der Teetassen nicht ganz sicher bin, aber inhaltlich passen würde es ja. Was aber lernen wir aus dieser Geschichte? Eigentlich nichts Spezielles. Aber wenn mir noch was einfällt, sage ich Bescheid!

Fragen Sie den Flitzestift!

Einmal war es Nacht und ich beschloss, ein bisschen fernzusehen, aus reiner Neugier. Nachts kommen immer die Sendungen, die nur den besonders robusten Gemütern zugemutet werden können. Ein robustes Gemüt ist nach Ansicht der Programmdirektoren ein Mensch, der über achtzehn ist und morgens ausschlafen kann.

Diesen Leuten, denkt das Fernsehen, darf man nicht mit Romantik kommen, diese Leute wollen blutrünstige Schreckensszenarien und Nackte. In diesem Punkt jedoch irrt es. Über Achtzehnjährige, die morgens ausschlafen können, sind nämlich meistens ältere Damen, deren Kinder sich im Ausland tummeln. Die anderen Verwandten haben alle den Kontakt abgebrochen. Die Freunde auch. Ein auf diese Weise vereinsamtes Geschöpf braucht keine blutrünstigen Schreckensszenarien und auch keine Nackten. Es braucht Zerstreuung und Zuwendung. Und was bekommt es?

Es bekommt Gitti.

»Fragen Sie den Flitzestift«, fordert Gitti die Zuschauerinnen auf und starrt drohend in die Kamera, »rufen Sie JETZT an!«

Die Zuschauerinnen würden gern wegschalten, doch sie können nicht, es ist wie bei Reality-Sendungen, die im Gerichtssaal spielen, oder bei Reportagen über fürchterliche Hautkrankheiten.

»Egal, wie kompliziert – Lydia weiß immer eine Lösung«, behauptet Gitti.

Im Hintergrund läuft stimmungsvolle Musik, am unteren Bildschirmrand wird die Telefonnummer eingeblendet, unter der die Zuschauerinnen Gitti erreichen können.

»Na?«, fragt Gitti verschlagen, »wer ist die Nächste? Wir warten auf euch, Lydia und ich, bis gleich!«

Haha, denken die Zuschauerinnen alle zugleich, ich bin doch nicht irre!

Gitti hebt den Flitzestift und präsentiert ihn dem Publikum.

»Der glüht ja schon, so schnell ging das gerade noch hier! Aber das macht nichts«, beruhigt sie die Menge, »ich habe ja auch noch Schädelchen bei mir.«

Sie klaubt ein aprikosengroßes Totenköpflein unter dem Tisch hervor und tätschelt es liebevoll. »Ich bin bestens ausgerüstet, ich hab Schädelchen, ich hab den Flitzestift und«, sie blickt nach oben, »ich hab Lydia!«

Jetzt halte ich es nicht mehr aus, denkt die erste Zuschauerin und ruft an, es ist wie ein Zwang. Im TV-Studio ertönt ein künstliches Telefonklingeln.

»Hier ist Gitti«, freut sich Gitti, »was willst du wissen? Nein, warte«, überlegt sie es sich anders, »du bist schon längere Zeit alleine, hab ich recht?«

»Äh«, sagt die Zuschauerin überrumpelt.

Gitti nickt heftig.

»Ich wusste es!«, sagt sie.

Dann setzt sie den Flitzestift an und malt geheimnisvolle Zeichen auf das bereitliegende Papier.

»Sehe – noch – keine – Besserung«, liest sie schleppend vor.

»Oh«, sagt die Zuschauerin, »das ist ja nicht so schön.«

»Nicht so voreilig«, warnt Gitti und schwenkt den Flitzestift, »für dich ist ein dunkelhaariger Mann vorgesehen, sagt Lydia!«

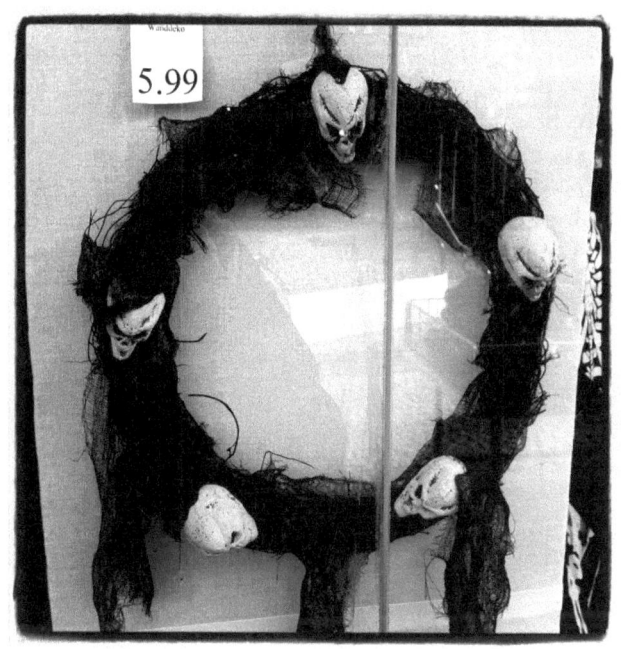

Schädelchen, gleich mehrere auf einmal!

Wenn mich nicht alles täuscht, denkt die Zuschauerin, ist Lydia offenbar gerade in den Flitzestift eingefahren.

»Ich hoffe, deine Frage wurde zu deiner Zufriedenheit beantwortet«, strahlt Gitti.

»Ähm«, nimmt die Zuschauerin erneut Anlauf, »ich wollte eigentlich...«

»Nichts sagen!«, bringt Gitti sie rigoros zum Schweigen, »nichts sagen! Es geht um deine Freunde, richtig?«, tippt sie, »sie stecken finanziell in der Klemme, richtig?«, fährt Gitti begeistert fort, »wurden sie vielleicht betrogen?«

163

»Nicht, dass ich wüsste«, antwortet die Zuschauerin.

»Tja«, lässt Gitti sich nicht beirren, »da sehe ich auch keine Besserung.«

Neben ihrem Gesicht erscheint ein Fenster, in dem für die kostenlose Erstberatung bei einer anderen TV-Angestellten geworben wird.

»War das jetzt alles?«, erkundigt Gitti sich freundlich, »oder hast du noch etwas auf dem Herzen? Und nicht vergessen«, wendet sie sich an die vielen Tausend anderen Zuschauerinnen, »während der laufenden Beratung schon einwählen! Also«, richtet sie ihre Aufmerksamkeit wieder auf die Anruferin, »was können wir dir noch sagen?«

»Wer zur Hölle«, fragt die Zuschauerin, »ist Lydia?«

Schulze mit Choke

In meiner Freizeit provoziere ich gern aus Versehen die Polizei, die in meinem Leben bisher so gut wie noch nie als mein Freund und Helfer, sondern eher als mein Feind und Störenfried in Erscheinung getreten ist.

Besonders schlimm ist es im Straßenverkehr, wo ich mich grundsätzlich im Recht fühle. Es ist unheimlich: Im Auto entwickle ich regelrechte Allmachtsphantasien! Ich war bereits in jungen Jahren angriffslustig und ging keiner Rauferei aus dem Weg, doch mit Erhalt der Fahrerlaubnis brach eine neue Ära an, eine Ära der Ordnungswidrigkeit. Ich fuhr konsequent so schnell es ging, natürlich ausnahmslos auf der linken Spur.

Dabei ließ ich mich nicht davon irritieren, dass sich hinter mir häufig eine dicht auffahrende Schlange aus Fahrzeugen bildete, die dreimal so viel PS hatten wie ich. Mindestens! Denn ich fuhr Ford Fiesta. Mein Ford Fiesta war in grünmetallicfarbenem Design gehalten, mit brauner Innenausstattung und roten Zierstreifen ringsherum, original aus den Achtzigerjahren. Unter dem Lenkrad hatte er, Schulze, wie meine Freunde und ich ihn liebevoll nannten, außerdem einen Choke, der manchmal ging und manchmal nicht. Der Choke ist heutzutage ausgestorben, ich trauere ihm nicht nach.

An meinem ersten Tag mit Schulze geriet mir eine Taube unter die Räder, dieser Vorfall war kennzeichnend für unsere weitere Beziehung. Mit großer Hartnäckigkeit manövrierte ich Schulze immer wieder gegen kleinere Hindernisse, über hohe Bordsteine oder verkehrt herum in Einbahnstraßen hinein. Wenn Schulze hätte sprechen können, ich weiß nicht, was er dazu gesagt hätte. Jedenfalls nahmen wir zwei immer, wenn wir die Polizei sahen, schleunigst Reißaus.

Und noch heute überkommt mich ein Schaudern, wenn ich Menschen in Uniformen sehe, die mich mit milde gelangweiltem Gesichtsausdruck zu sich heranwinken. Gern werde ich in solchen Situationen zum Rüpel.

Zum Beispiel einmal. Einmal war ich zu Besuch bei meinem Vater eingeladen, der in einer besseren Wohngegend am anderen Ende der Stadt lebt, wo niemals Verkehrskontrollen durchgeführt werden. Sorglos sauste ich auf dem Rückweg durch eine vermutlich bewusst verschleierte Zone Dreißig, ich hatte gar nicht gemerkt, dass ich schon fast wieder daheim angekommen war.

Da hielt mich die Polizei an. Ich musste aussteigen und mich in einer Warteschlange anstellen, die sich vor dem Dienstbulli gebildet hatte, in dem die Geschwindigkeitsüberschreiter festgenommen wurden. Endlich kam ich dran. Ich war schon allein wegen des Wartens auf Krawall gebürstet, aber dann wurde ich auch noch geduzt.

»So«, forderte mich der Beamte väterlich auf, »dann setz dich mal hier rein, Mädchen.«

»HAST DU MICH GERADE GEDUZT, MEIN FREUND?«, bollerte ich.

Der Mann erschrak. Ich auch.

Jetzt, dachte ich, bist du zu weit gegangen. Die Polizei will zwar dein Freund sein, aber sie möchte nicht so genannt werden. Und ich, führte ich den Gedanken weiter aus, ich sehe zwar aus wie ein Mädchen, wie ein maximal zwanzigjähriges Mädchen, zumindest im Dunkeln, und dunkel war es ja, denn es war bereits spät, doch ich möchte ebenfalls nicht so genannt werden.

Statt einer Taube hätte es auch diese Enten treffen können.
Das wäre genauso schade gewesen!

Es herrschte für einen Augenblick ein gespanntes Schweigen. Dann durchbrach es der Beamte.

»Haben Sie Ihren Fahrzeugschein dabei?«, fragte er höflich.

»Äh, nein«, gab ich zu, »aber ich wohn hier in der Nähe.«

»Dann holen Sie ihn doch eben«, riet der Beamte, »sonst kostet das noch mal zehn Euro extra.«

Verwundert stieg ich aus, mein Führerschein wurde als Pfand vorübergehend einbehalten.

Manchmal, dachte ich, muss man offenbar einfach mal sagen, wie es ist.

Die Angst vor dem Knie

Einmal bekam Dr. P. die Weisheitszähne raus.

Ich hatte ihm schon vorher auf vielfältige Weise Mut gemacht.

»Die Choco Crossies kannst du ab morgen ja sowieso erst mal nicht mehr essen«, sagte ich und riss die Packung auf. »Hmm«, machte ich genießerisch, »lecker!«

Während ich es mir schmecken ließ, fror er schon mal die Kühlpads ein. Das ganze Eisfach war binnen kürzester Zeit voll davon.

»Meinst du, das reicht?«, fragte ich und machte ein ernstes Gesicht.

Dr. P. fand das gar nicht lustig.

»Jetzt hör doch mal auf damit«, jammerte er.

»Morgen um diese Zeit hast du es überstanden«, versuchte ich ihn aufzumuntern, »dann müssen die tiefen Wunden nur noch heilen.«

Nach einer kurzen und unruhigen Nacht ging es auch schon los. Dr. P. hatte einen Termin um neun.

»Komm«, drängelte er um Viertel nach acht, »wir müssen los!«

Seit zwei Stunden schlich er bereits in der Wohnung herum und konzentrierte sich auf die Angst vor dem Kieferchirurgen.

»Quatsch«, wandte ich ein, »zum Arzt sollte man niemals pünktlich gehen, da sitzt man nachher sowieso nur stundenlang herum und wartet.«

Doch Dr. P. ließ nicht mit sich reden. Er wollte es anpacken, er wollte der Gefahr ins blutunterlaufene Auge sehen.

»Na gut«, lenkte ich ein, »dann machen wir uns im Wartezimmer einfach einen schönen Vormittag.«

Hat zahlreiche Ängste: Dr. P.

Das Wartezimmer war voller bleicher, verängstigter Männer.

»Guck mal«, raunte ich, »denen geht es auch nicht besser als dir.«

»Toll«, sagte Dr. P. grimmig und blickte nervös auf die Uhr.

»Das dauert noch«, wusste ich.

Dr. P. seufzte schwer.

»Die Angst vor dem Kieferchirurgen«, begann ich mein neuestes Aufheiterungsmanöver, »ist etwas ganz Normales. Es existieren aber auch weitaus exotischere Ängste, wie ich unlängst gelesen habe.«

»Das ist mir egal«, behauptete Dr. P. kläglich und starrte verbissen aus dem Fenster, auf die windige Dachterrasse der Praxis hinaus.

Der Mann ihm gegenüber atmete flach und stellte sich tot. Ein weiterer Mann rang unentwegt verstört die Hände.

»Es gibt Menschen«, fuhr ich in meinem Vortrag fort, »die leiden an der Psychrophobie, zum Beispiel ich.« Ich legte eine dramatische Pause ein. »Das ist die Angst vor Erkältung«, informierte ich Dr. P.

»Stimmt«, ließ er sich tatsächlich ablenken, »du gibst einem nie die Hand.«

»Richtig«, bestätigte ich und nickte, »denn über das Händeschütteln werden die meisten Krankheitserreger übertragen. Und wahrscheinlich auch die schlimmsten.«

Dann kam allmählich etwas Leben in die Bude. Einer der Männer wurde aufgerufen und erhob sich matt, als Ersatz spazierte eine unbeschwert wirkende Frau herein.

»Morgen!«, grüßte sie gut gelaunt, ließ sich auf dem freigewordenen Stuhl nieder, griff nach einer Illustrierten, die sich mit dem Wirken der Prominenten beschäftigte, und summte leise vor sich hin. Die Männer musterten sie entgeistert.

»Wir müssen Kinder austragen«, erklärte ich dem blassen Dr. P., »deshalb sind wir natürlich viel widerstandsfähiger. Die Männchen sind in der Natur ja häufig nur für die Durchmischung des Erbguts zuständig. Denk bloß mal an die Spinnen«, sagte ich, »die ihre

Männchen auffressen. Die Männchen werden nach der Begattung einfach nicht mehr benötigt.«

Die Männer sahen düster zu mir herüber.

»Würde es dir etwas ausmachen«, fragte Dr. P., »einfach mal fünf Minuten zu schweigen?«

»Im Prinzip nicht«, gab ich mich entgegenkommend, »aber hast du zum Beispiel jemals von der Genuphobie gehört?«

Dr. P. stöhnte gequält. Die Frau lugte neugierig über den Rand ihrer Zeitschrift.

»Das ist«, führte ich aus, »die Angst vor dem Knie. Haha«, amüsierte ich mich, »ulkig, oder? Bei dir handelt es sich allerdings um eine spezielle Form der Iatrophobie, der Angst vor dem Arztbesuch. Gut gefällt mir auch die Angst vor Meteoren«, konnte ich gar nicht mehr aufhören, »oder vor Bärten, wie hieß die noch mal? Und dann gibt es Leute, die leiden unter der Papaphobie, der Angst vor dem Papst. Und«, fiel mir noch etwas ein, »die Angst vor dem eigenen Geist. Was das wohl ist?«

»Ich«, brummte Dr. P., »habe Angst vor der eigenen Frau.«

Dann kam er dran.

»Das wäre dann«, erklärte die Frau mit der Zeitschrift, »die Gynäkophobie.«

Der kosmische Schneebesen

Einmal wollte ich mich entspannen. Sie kennen das: Man lungert tagein, tagaus auf einer gesundheits- schädlichen, bandscheibenstauchenden Sitzgelegenheit herum und blickt auf einen flackernden Bildschirm, der eine große Herausforderung für das Augenlicht darstellt. Automatisch verkrümmt sich das Rückgrat dabei in eine schlangenmenschartige, S-förmige Stellung, die sich nach nur wenigen Wochen verfestigt und eine dauerhaf- te Buckelbildung hervorruft. Die Schultern ragen von nun an für immer neben den Ohren auf, der Hals ver- schwindet auf Nimmerwiedersehen im Inneren des Körpers.

Doch damit nicht genug: Nicht allein der Rumpf, auch die unteren Extremitäten werden in Mitleiden- schaft gezogen. Zwischen Knie und Hüftgelenk bildet sich ein Blutstau, ausgelöst durch den beharrlichen Druck der Stuhlkante. Die Beine werden taub, entwi- ckeln schreckliche Krampfadern und Besenreiser, ver- färben sich und sterben schließlich langsam ab. Gleich- zeitig wächst das Thromboserisiko ins Unermessliche.

So geht das nicht weiter, dachte ich eines Tages. Wie Millionen andere Menschen, die im Sitzen arbeiten, wollte ich mich nicht länger damit abfinden, als Wrack zu enden, das zu neunzig Prozent aus künstlichen Ge- lenken besteht. Ich wollte etwas unternehmen.

Also ging ich in einen Laden. Dort gab es Massage- bälle mit Noppen, Fußreflexzonenroller aus Holz und Bücher über Autogenes Training. Alles schön und gut, dachte ich, aber nichts für mich. Gern hätte ich im alten Rom gelebt, wo mich ein hilfsbereiter Sklave mit dem Massageball oder dem Fußreflexzonenroller entspannt hätte, während ich am Computer saß, doch die Realität sah anders aus. Auch das Autogene Training kam nicht infrage, denn natürlich habe ich keine Zeit. Wenn ich Zeit hätte, würde ich regelmäßig ins Solebad gehen oder in den Urlaub fahren und alle meine Probleme wären gelöst.

Ich beschloss, meine Mutter anzurufen, die seit jeher eine Koryphäe auf dem Gebiet der Entspannung ist. Wenn man sie fragt, wie es ihr geht, sagt sie zum Beispiel: Sehr gut, ich sitze gerade auf dem Balkon und lege die Füße hoch. Oder: Oh, ich mache gerade eine Wanderung durch die Alpen, hier ist eine ganz tolle Luft, das solltest du auch mal probieren!

»Da kann ich dir dieses Kopfmassagegerät empfehlen«, riet sie mir am Telefon, »das ist super! Und ganz billig!«

Das Kopfmassagegerät war mir sofort sympathisch. Es war im Internet ab 1,99 zu bekommen, was ich super fand. Ich schlug also zu. Bereits am nächsten Tag klingelte die Post. Auf eingeschlafenen Füßen schleppte ich mich zur Tür.

»Sie sehen aber gar nicht gut aus«, bemerkte der Postbote und überreichte mir ein Päckchen.

»Vielen Dank«, erwiderte ich beleidigt, »das wird sich binnen weniger Sekunden drastisch ändern.«

Dann knallte ich dem Mann die Tür vor der Nase zu und machte mich ans Auspacken. Ich hatte sehr hohe Erwartungen an das Gerät. Der erste Eindruck war jedoch enttäuschend.

»Hm«, sagte ich zu mir selbst, »es sieht aus wie ein Schneebesen.«

Es sah tatsächlich aus wie ein Schneebesen. Allerdings liefen die Verstrebungen am unteren Ende in kleinen, schwarzen Kunststoffkügelchen aus, statt schlaufenähnlich zurück zum Griff zu führen.

174

Wirkt gegen Blutstau, steigert das Denkvermögen.

Ratlos nahm ich mir die Packungsbeilage vor. Bewegen Sie das Kopfmassagegerät langsam vom Hinterkopf aus Richtung Nacken, hieß es in der Anleitung, Sie empfinden dadurch ein wunderbares, angenehmes und entspannendes Kribbeln.

»Aha«, sagte ich und betrachtete skeptisch die seltsame Konstruktion.

Die Anwendung des Kopfmassagegeräts, las ich weiter, steigert das Denkvermögen, die Konzentrationsfähigkeit, hebt sofort die Laune, regt das Haarwachstum an und wirkt gegen Kopfschmerzen, Verspannungen, Depressionen und Schuppenbefall. Motiviert stülpte ich mir den Apparat über den Schädel.

Es ging sofort los. Oh, dachte ich, OH! Sämtliche Nervenenden, die mit den Kunststoffkügelchen in Berührung kamen, gerieten auf der Stelle in einen wilden Freudentaumel, fassten sich bei den Händen und machten einen drauf.

»Ach du lieber Himmel«, staunte ich, »was war das denn?«

Ich habe es nicht herausfinden können, es muss sich um eine Art kosmischen Vorgang handeln. Jedenfalls bin ich seitdem begeisterter Kopfmassagegerätanwender. Die Ideen sprühen, die Finger tippen wie von Geisterhand gesteuert, der Buckel ist so gut wie weg. Der Postbote macht mir täglich Komplimente. Mein Leben ist wieder im Lot.

Danke, Mama.

Bitte keine Werbung!

Das Leben ist keine Dschungelprüfung, sage ich mir immer wieder, jedenfalls nicht das normale Leben, das sich in Broterwerb und karge Freizeit gliedert, doch allmählich kommen mir Zweifel. Die Tätigkeit, die ich mir für die kommenden vier Monate zum Broterwerb gewählt habe, ist nämlich eine, die in Sachen Unkommodität mit den Straußen, Spinnen und zu essenden Hoden des Dschungels locker mithalten kann.

Deshalb möchte ich, dass Sie ab heute einen der traditionsreichsten Berufe der Welt mit anderen Augen sehen, mit den Augen des Wissenden, des Eingeweihten. Sie alle haben häufig, wenn nicht gar täglich Kontakt mit den Ausübenden dieser Tätigkeit. Sie erwarten sie oft sehnlichst. Und wenn sie kommen, sehen Sie gelb: Die Rede ist selbstverständlich von Ihrem Briefträger. Ihr Briefträger ist ein sehr viel härter arbeitender Zeitgenosse, als Sie es sich vorstellen, insbesondere wenn er noch unerfahren ist in seinem Beruf, so wie ich.

Pfeilschnell saust er stundenlang durch seinen Bezirk, in dem Sie zufällig ansässig sind, und dieser Bezirk hat die ungefähre Größe der Wüste Gobi, bloß ist er voller Häuser, die schlimmstenfalls von Gartenzäunen umgeben sind, sodass der Briefträger absteigen, schwer beladen mit Ihrer Post durch das Törchen schlüpfen und eine liebevoll angelegte, aber leider oft weite und verschlungene Strecke bis zu Ihrem Briefkasten zurücklegen muss.

Gern befindet sich Ihr Briefkasten direkt neben der Haustür, zu der wiederum mehrere Stufen emporführen. Stufen sind überhaupt so eine Sache. Der Briefträger liebt die Stufe nicht, denn er muss am Tag Tausende und Abertausende von Stufen hinauf- und wieder hinabsteigen. (Er stellt sich folglich die Hölle als eine Art unendliche Treppe vor.)

Doch das ist längst nicht alles. Während Sie noch im Bademantel sind, Ihrem Tagewerk nachgehen oder, wenn besonders viel Post anfällt, bereits von Ihrem Tagewerk wieder zurückkehren, lässt der Briefträger Ihre Briefe, Päckchen, Kataloge, Gerichtsbescheide, Rechnungen und Ihre kostenlose Fernsehzeitung elegant in den Briefkastenschlitz gleiten. Günstigstenfalls.

Denn nicht immer wollen Briefe, Päckchen, Kataloge, Gerichtsbescheide, Rechnungen und kostenlose Fernsehzeitungen gleiten, sie wollen vielmehr feststecken, weil das Innere Ihrer Postempfangsvorrichtung aus grobem, mit gefährlichen Splittern bewährtem Holz besteht, oder weil sie winzig klein ist, oder weil die Klappe einen bösen Schnappmechanismus aufweist, der nicht nur die Post, sondern auch die empfindlichen Fingerspitzen des Briefträgers mit roher Gewalt umklammert. Manche Briefkästen haben sogar Zähne. Das muss man sich mal vorstellen.

Und wenn der Briefträger nach Einbruch der Dunkelheit in seinen Stützpunkt zurückkehrt, erschöpft und gedemütigt von Briefkästen, Hunden, Stürmen, Hagel, Frost und Regen, findet er nicht selten eine Beschwerde vor. Weil Sie Ihre kostenlose Fernsehzeitung nicht bekommen haben. Oder weil Sie Ihre kostenlose Fernsehzeitung bekommen haben, obwohl Sie sie gar nicht als Ihre kostenlose Fernsehzeitung betrachten, denn Sie sind schließlich Werbeverweigerer.

Wenn Sie jedoch ein besonders angriffslustiger Charakter sind, halten Sie sich gar nicht mit Beschwerden auf. Dann passen Sie den Briefträger persönlich ab und halten ihm einen Vortrag darüber, wie genau er Ihre kostenlose Fernsehzeitung in den Briefkasten einzulegen hat und wie nicht. Und wenn Sie den Briefträger besonders provozieren wollen, dann reden Sie ihn im Plural an. ICH RÄUM HIER DOCH NICHT IMMER EUERN MIST WEG, rufen Sie laut aus, IMMER MUSS ICH EUERN MIST HIER WEGRÄUMEN! WIR WOLLEN EUERN MIST HIER GAR NICHT HABEN!

Dann, lieber Postkunde, heften Sie doch einfach einen Aufkleber an Ihren Briefkasten: Bitte keine Werbung! Und alles wird gut.

Das passt nicht unbedingt alles in den Briefkasten!

Oma Soest statt Halali

Liebe RosenfreundInnen, ich bin jetzt einer von Euch. Es kam ganz plötzlich, quasi über Nacht. Bisher hatte ich Pflanzen für eine Art Möbel gehalten, die man gießen muss. In meiner ersten Wohnung hatte es gelegentlich etwas blattarme Ranken gegeben, die schütter und blässlich in Hydrokultur hausten. Dr. P., eindeutig Inhaber eines erheblich grünen Daumens, hatte sich der Gestrünke, die ursprünglich noch aus meinem Kinderzimmer stammten, angenommen.

»Die leben doch noch«, behauptete er.

Na ja, dachte ich, das kann man so oder so sehen, immer nur an einem Platz herumhocken und photosynthesebetreiben würde ich jetzt noch nicht Leben nennen. Man sollte sich als Lebewesen doch wenigstens mit seinen Artgenossen unterhalten können, hier und da ein bisschen verdauen, etwas umherstreifen, sammeln und jagen, was Lebewesen eben so tun.

In meinen Augen traf das alles nicht auf Pflanzen zu, doch das war vor den Rosen.

Das war, bevor ich begann, mit ihnen zu sprechen und sie mit Bananen zu füttern.

»Ich könnte doch«, fiel mir eine Weile nach unserem Umzug ein, »vor das Fenster eigentlich ein paar Blumen stellen. Warum nicht?«

Zuvor hatte ich mein Arbeitszimmer, das über ein Fenster mit mannshohen Scheiben verfügt, in Weiß, Rosa und Heiligenkitsch eingerichtet, doch irgendetwas fehlte.

»Es fehlen Pflanzen«, hatte Dr. P. von Anfang an gemutmaßt und bereits Phantasien von ganzen Palmenwäldern entwickelt.

Roger Whittaker (nicht blühend).

Das war mir aber alles zu viel Natur. Ich bin ja wirklich kein Naturtyp. Nicht im Sinne von Zelten, frisch
Kochen, Schwimmen in offenen Gewässern und so
weiter. Und auch nicht im Sinne von Palmenwäldern.

»Nee, nee«, hatte ich widersprochen, »nix!«

Wenn schon, dann etwas, das auch anständig blühte
und farblich passte. Ich dachte nach. Weiß, Rosa, Heiligenkitsch, überlegte ich, Weiß, Rosa, Heiligenkitsch und
… ROSEN!

Die Entscheidung war gefallen.

»Rosa Rosen«, verkündete ich stolz, »ich möchte rosa
Rosen in meinem Zimmer haben!«

Die Rose ist eine Kulturpflanze, die allein der Zierde und der Freude des Halters dient. Eine gute Sache, mit diesem Naturausmaß komme ich zurecht.

»Rosen sind aber nichts für drinnen«, wusste Dr. P. mal wieder alles besser, »außerdem bekommen sie ständig Krankheiten, man bleibt mit den Haaren hängen und mit den Klamotten und anfassen kann man sie auch nicht, da kann man sich schlimm verletzen, und wenn deine letzte Tetanusimpfung schon länger als zehn Jahre her ist, kann man sogar sterben!«

Das spornte mich nur noch mehr an. Die Rose, schön, aber tödlich, das hatte Stil! Also haderte ich nicht lang und schaffte zuerst sieben kleine Übungsröschen in Töpfen an. Sie erhielten die teuerste Rosenerde, die ich auftreiben konnte, und eine Rund-um-die-Uhr-Betreuung. Als sie nach vier Tagen immer noch nicht eingegangen waren, hielt ich es für an der Zeit, mich an größere Sorten zu wagen. Aber welche?

Am Tag, als während der WM Deutschland zum zweiten Mal spielte, verfügte ich mich ins Gartencenter. Außer mir hielten sich exakt zwei andere Fußballdesinteressierte dort auf. Perfekt. Ich musste mich schließlich konzentrieren. Aufmerksam vagabundierte ich von Rosensorte zu Rosensorte, die sämtlich durch ihre irren Namen auffielen. Farblich gepasst hätten schon mal Rosenprofessor Sieber oder Gruß an Bayern, auch nicht verkehrt waren Apollo XI, Aachener Dom und Rosenfee. Rosenfee, dachte ich, Rosenfee, da lachen sie mich ja aus! Außerdem roch Rosenfee nicht. Rose und nicht riechen, das haut ja wohl nicht hin.

Ich defilierte an den Sorten Hamburg und Saarbrücken vorbei und musste an Oma Soest denken. Oma Soest war meine Uroma gewesen, die vermutlich auch einen Vornamen gehabt hatte, aber immer nur als Oma

Soest in Erscheinung getreten war. Wenn ich mal eine eigene Rose züchte, dachte ich, dann soll sie Oma Soest heißen. Ich schritt weiter.

Halali wollte ich auch nicht haben, ebenso wenig wie Aspirin oder NDR 1 Radio Niedersachsen. Ich suchte nach Schönheit, Duft und einem vernünftigen Namen. Geworden ist es schließlich Roger Whittaker. Seit Roger Whittaker ins Arbeitszimmer eingezogen ist, bekommt er regelmäßig Massagen (für die Abwehrkräfte) und Bananenschalen (für den Mineralienhaushalt).

Er ist ein vollwertiges Familienmitglied. Jetzt muss er nur noch singen lernen! Aber ich bin zuversichtlich.

Krawall-Look mit Viktor und Rolf

Zahlreiche Menschen lieben es, sich zu parfümieren.

Das Sich-Parfümieren hat eine lange Tradition, es kommen einem sofort blasse Rokokodamen in den Sinn, wenn man über die Geschichte der Beduftung nachdenkt. Vor dem inneren Auge zirkulieren vornehme Personen beim Tanze, mit turmhohen Perücken, auf denen Schiffchen, Juwelen und kleine Stillleben thronen. Wenn man so dynamisch hin und her schwingt in Reifrock und Korsett, kommt man natürlich ins Schwitzen, auch und gerade auf der Kopfhaut! Gegen den damit einhergehenden Juckreiz hatten die Menschen Kratzwerkzeuge zur Hand, stellt man sich vor, gabel- oder fingerförmige, längenmäßig spießartige Instrumente, mit denen sämtliche Körperstellen schnell und unkompliziert erreicht werden konnten.

Stellt man sich so vor! Doch was wissen wir schon über die Vergangenheit? Wir waren ja nicht dabei. Man kann allerdings davon ausgehen, dass unter solchen Umständen (reichhaltige Haartracht, reichhaltige Kleidung, intensives Tanzvergnügen) keine schlechten Gerüche erwünscht waren. Wer will schon der Stinker sein?

Das war damals nicht anders als heute, daher arbeiteten die Parfümeure auf Hochtouren. Rosen, Veilchen, Moschus, Duftgehölze, viel hilft viel! Das sagen sich auch die heutigen Geruchsdesigner.

Da ich mir unlängst ein Parfüm anschaffen wollte, ein Wunsch, den ich nur alle Jubeljahre verspüre, vermutlich immer dann, wenn sich gerade eine besondere astrologische Konstellation zusammenbraut, entschloss ich mich zu einer Beratung. So betrat ich also eine Parfümerie.

Die Verkäuferin schien selbst sehr begeistert von den im Hause angebotenen Produkten zu sein, denn sie hatte sämtliche Schminke aufgelegt, die das Sortiment hergab. Es sah interessant aus, aber auch gefährlich, nach exotischen chemischen Substanzen und ein bisschen nach allergischem Schock. Im Make up der Verkäuferin kamen unzählige Warnfarben vor, die Fressfeinden in der Natur Bedrohlichkeit signalisieren sollen.

Na ja, dachte ich, sie hat schon viel probiert, sie muss sich auskennen! Außerdem bin ich kein Freund des Dezenten, bekanntlich kein Naturtyp und auch kein Anhänger des Nude-Looks, das ist ja alles Quatsch, wenn schon, denn schon, wir passten also gut zusammen, die Krawall-Look-Verkäuferin und ich.

Ich erklärte ihr, dass ich keine Ahnung hätte, welches Parfüm zu mir passt.

»Dann sprüh ich Ihnen mal was auf«, bot sie an.

Zuerst sprühte sie die hochprozentigen Riechstoffe jedoch auf ein Papierstreiflein. Das war gut, wie ich rasch feststellte, sonst wäre ich in Windeseile durch Geruchsoverkill bewusstlos geworden.

»Das ist der neue Duft von Thomas Sabo«, informierte mich die Verkäuferin.

Der neue Duft von Thomas Sabo stank erbärmlich, da hatte der Mann wirklich ins Klo gegriffen. Was mochte da wohl drin sein?

»Lilly Berry, Yellow Plum, saftige Clementine, Lizylang und Tonkabohnen«, wusste die Verkäuferin und lächelte ihr gefährliches Warnfarbenlächeln.

Was zur Hölle, dachte ich, ist Lizylang und wonach mag es riechen? Die Tonkabohnen waren auch keine Erklärung für den eindringlichen Gestank.

»Dieses lieber nicht«, lehnte ich daher diplomatisch eine Testsprühung auf meiner Haut ab.

Möchte auch gut riechen: Tiffy.

Die Verkäuferin war um Alternativen nicht verlegen und kam gleich mit einem neuen Klopper um die Ecke.

»Das ist BonBon«, verriet sie, »der neue Duft von Viktor und Rolf.«

Wer ist Rolf, dachte ich? Viktor ging ja noch, aber Rolf? Andererseits war es natürlich schön, dass Rolf zu seinem gewöhnlichen Namen stand in dieser Branche, das hatte etwas von Altern in Würde (ohne Botox) und ungeschminkten Selfies von Berühmtheiten. Das Flakon hatten sie sich jedenfalls tipptopp ausgedacht, die beiden Knalltüten, es verfügte über die Form eines rosa Schleif-chens, das hätte Daniela Katzenberger nicht besser hin-

gekriegt. Und es duftete wohlig nach Vanille und Kara-
mell, das war gut, das waren Dinge, die ich kannte, da
hätte Thomas Sabo sich eine Scheibe von abschneiden
können, anstatt immer nur mit Exotenkram auftrumpfen zu wollen. Clementine, meinetwegen, aber Yellow
Plum, da hört es auf!

Viktor und Rolf kommen schon mal in die engere
Auswahl mit ihrem BonBon, ansonsten überlege ich
noch. Tipps und Erfahrungsberichte senden Sie bitte
gerne an: post@bianca-stuecker.de

Wohin Roggen gerne in den Urlaub fährt

Allmählich muss ich mir die Frage stellen, was man heutzutage eigentlich noch guten Gewissens essen darf. Ständig ist einem bei der Menüauswahl das viele Wissen im Weg, das man durch Dokumentationen, Interviews mit Forschern, Schule usf. mit auf den Weg gegeben bekommt.

Zuerst war alles ganz einfach. Einmal, kurz vor Weihnachten, erfuhr ich, wie ein Hähnchen lebt, bevor es zu einem Gericht wird. Als frisch geschlüpftes, flauschiges, postgelbes, unaufhörlich piepsendes Küken wird es aus seiner Familie gerissen, in eine Fabrik eingeliefert und fährt dort stundenlang auf Laufbändern seiner Bestimmung entgegen. Seine Bestimmung ist ein Dasein unter Neonbeleuchtung und vier Wochen später der Tod durch Vergasen. Das ist alles kein Zustand, fand ich, und hörte abrupt mit dem Hähnchenessen auf.

Dann kam ein Bericht über Schweine. Bei den Schweinen fiel der Teil mit den Laufbändern weg und es dauerte drei Monate statt einem, bis sie auf eine verzehrbereite Größe herangewachsen waren, doch dann folgten anstelle der Vergasung tödliche Stromstöße. Bei der Herstellung von Kühen sah es ganz ähnlich aus, und es gibt keinen Grund anzunehmen, dass es Straußen, Lämmern, Pferden und in anderen Kulturen sowie in der Schweiz auch Hunden wesentlich anders ergeht, sofern sie als Lebensmittel vorgesehen sind.

Ich fällte also eine Entscheidung. Und zwar zugunsten von Tofu, Sojaschnitzeln und Frikadellenimitaten.

Das ging eine ganze Weile gut, ich fühlte mich wie ein besserer Mensch, der in friedlicher Harmonie mit seinen Mitgeschöpfen sanftmütig herumlebt, Weberknechte unbehelligt in den Ecken hausen lässt und in die Wohnung eingedrungene Wespen mit Hilfe von Gläsern und Bierdeckeln einfängt und in der freien Natur unbeschadet wieder aussetzt.

Doch dann kam die Wissenschaftssendung mit den Pflanzen, die sich miteinander unterhalten können. Einige in Gemeinschaften lebende Pflanzen, lernte ich, geben auf noch unerforschte Weise ihren Bekannten und Verwandten Bescheid, wenn sie von zum Beispiel Läusen angefressen werden. Die Bekannten und Verwandten heuern daraufhin eine spezielle Sorte Käfer an, indem sie Gerüche absondern, die auf die Käfer attraktiv wirken. Wenn die Käfer vorbeikommen, entdecken sie die Läuse und bekommen sofort Appetit. Mit wildem Eifer machen sie den Läusen den Garaus, dann ziehen sie weiter. Die Pflanzen sind gerettet, eine Tragödie konnte abgewendet werden.

Das war jedoch noch nicht alles. Zahlreichen Blumen fahren winzige Ströme bis in die Wurzeln ein, wenn man ihnen ein Blatt abschneidet. Und wie jeder weiß, arbeiten fleischfressende Pflanzen mit jeder Menge Tricks, wenn sie eine Mahlzeit anlocken wollen.

Das alles behagte mir gar nicht. Was, dachte ich, wenn wir uns in, sagen wir: pie mal Daumen zweihundert Jahren mit den Pflanzen verständigen können? Was werden sie uns zu sagen haben? Ärgerlicherweise bekam ich genau in diesem Augenblick Hunger und begann durch die Küche zu streifen, auf der Suche nach einem möglichst unempfindlichen Imbiss. In der Kühltruhe war eine Gemüsepfanne im Angebot. Zutaten: Möhren, Brokkoli, Blumenkohl. Hm, dachte ich, ob es sich hierbei um eine Art Mumien handelt, konserviert durch die Kälte des ewigen Eises? Ich beschloss, die Erörterung dieses Problems auf später zu verschieben und machte mich auf die Suche nach einer unverfänglicheren Alternative.

Im Schrank stieß ich auf ein Pulver für Dinkelburger. Dinkel, dachte ich, Dinkel ist gut, Dinkel ist ein Getreide, und ein Getreide kann ich nicht als Pflanze ernst nehmen. Getreide geht. Zumindest so lange, bis mir einer erzählt, über was Weizenkeime am liebsten lachen oder wohin Roggen gerne mal in den Urlaub fahren würde. Zufrieden drehte ich die Packung um und studierte die Inhaltsstoffe, nur zur Vorsicht.

Doch die Sache hatte einen Haken.

Verdammt, dachte ich und las weiter. Das Produkt kann Spuren von Lupinen enthalten.

Häufig im Biergarten anzutreffen: Wespen!

Doppelt hält besser!

Einmal buk ich Kekse, beziehungsweise Plätzchen.

Manch einer definiert Kekse als verzehrfertig abgepackte Backwaren, Plätzchen hingegen als eine handgearbeitete, manuell zubereitete, ausgestochene und verzierte Speise. Den meisten Leuten behagt eher letzteres. Mir ist das eigentlich egal. Meine Mutter würde sich niemals als Hobbybäckerin bezeichnen, und zwar zu Recht nicht, deshalb lernte ich bereits früh das Produktsortiment von Bahlsen kennen und lieben. In Ausnahmefällen erhielt ich jedoch zusätzlich Zugang zu Plätzchen, und eines Tages keimte der Wunsch in mir, es selbst einmal zu versuchen mit der eigenen Herstellung.

Ich machte alles richtig, bis der unseriöse Dr. P. nach Hause kam.

»Ah«, sagte er neugierig, »was machst du denn da? Du wirst doch nicht etwa backen?«

Backend hatte er mich bislang noch nicht erlebt, ich kam in dieser Hinsicht ganz nach meiner Mutter. Wissbegierig beugte er sich über mich und die Rührschüssel, in der ich nach Kräften mit einem Handrührgerät herumorgelte. Das Handrührgerät war steinalt und ähnelte den Handrührgeräten, die heutzutage im Umlauf sind, in keinster Weise. Es sah aus wie von Neunzehnhundertachtzig. Ich glaube, ich habe es mit in die Ehe gebracht. Aber, das muss man ihm zugutehalten, es tat seinen Dienst einwandfrei.

»Jetzt muss nur noch ein Ei rein«, erläuterte ich mein Treiben.

Den Ofen hatte ich schon vorgeheizt, auch die Förmchen, Herzen, lagen bereit.

Zutaten für leckere Plätzchen.

»Hm«, schien Dr. P. nicht ganz zufrieden mit meiner Erwiderung zu sein, »warum nimmst du nicht zwei? Wir haben doch genug!«

An dieser Stelle wäre es klug gewesen, nicht auf ihn zu hören. Im Nachhinein ist es ja häufig schwer zu analysieren, was den Ausschlag für eine bestimmte Handlung oder Entscheidung gegeben hat, und so war es auch in diesem Fall.

»Warum nicht?«, fragte ich zurück, und schon landete das zweite Ei im Plätzchenteig.

Die Plätzchen entwickelten sich daraufhin zu einer Art Zwitterwesen, einer unglücklichen Mischung aus Keks und Kuchen.

Aus dieser Erfahrung hätte ich natürlich lernen können, doch das tat ich nicht. Ein anderes Mal nämlich war mir ein Netzgerät kaputtgegangen, und zwar das Netzgerät, das zum Betreiben einer Tattoomaschine notwendig ist. Tattoomaschinennetzgeräte gibt es ärgerlicherweise nur in sehr teuer oder aus China. Nachdem die Ersteigerung eines gebrauchten Geräts bei Ebay keine Früchte getragen hatte, war ich beleidigt und zu einem Trotzkauf bereit. Übermütig klickte ich auf die Abbildung eines Netzgeräts für 10,99 mit kostenlosem Versand direkt aus dem Land des Lächelns. Mein Mann beobachtete mich dabei und kam schon wieder auf Ideen.

»Die sind so billig«, bemerkte er, »warum nimmst du nicht einfach zwei?«

Noch sind sie nicht angekommen. Vielleicht kann ich ja eins weiterverkaufen, wenn sie eintreffen.

Handfeste Skandale
bei den Innere-Werte-Vögeln

»Ist euch das nicht manchmal ein bisschen laut?«, fragte mein Vater, als er unsere Wohnung betrat.

»Ach«, sagte ich, «es geht.«

»Was?«, hakte mein Vater nach, «ich hab dich nicht verstanden!«

»ES GEHT«, wiederholte ich.

»Ach so«, sagte mein Vater.

Er blickte sich um und analysierte dabei innerlich die Situation. »Also, mir wäre das ja auf die Dauer zu laut.«

Uns ist es manchmal auch zu laut, aber wir geben es nicht zu. Denn was wäre die Alternative? Wellensittiche kann man nicht einfach so an der Autobahnraststätte aussetzen wie Hunde oder Katzen, die dort von tierlieben Kindern gefunden und mit nach Hause gebracht werden. Die Eltern sind natürlich nicht begeistert, aber wie es da in seiner Kiste hockt, das hilflose Geschöpf, klein, flauschig, womöglich zitternd, möchte man es auch nicht ins Heim geben, Heime haben ja seit jeher ein schlechtes Image, egal ob nun Tierheime oder Menschenheime für Ältere.

Wellensittiche hingegen werden selten ausgesetzt, viel häufiger fliegen sie durch ein versehentlich offen gelassenes Fenster davon, was grundsätzlich große Dramen nach sich zieht. Sitzt der Vogel erst im Baum gegenüber, hilft auch keine Feuerwehr.

Der Vogel möchte prinzipiell sehr gern nach Hause, wo ihm regelmäßig kühle Erfrischungen und schmackhafte Kolbenhirse kredenzt werden, aber er ist zu aufgeregt, hüpft von Ast zu Ast und entfernt sich schließlich immer weiter, bis er die vielen Fenster nicht mehr unterscheiden kann und gar nicht mehr sicher ist, ob es überhaupt ein Fenster war, durch das er in die fremde Umgebung gelangte. Ist das nicht traurig? Deshalb lassen Wellensittichbesitzer, die ihre Tiere eigentlich ein bisschen zu laut finden, sie niemals absichtlich wegfliegen. So grausam veranlagt sind sie nicht. Wenn sie grausam veranlagt wären, würden sie Schlangen halten, die man mit lebenden Mäusen füttern muss.

Einer unserer vier Wellensittiche ist noch neu. Zuvor war ein Todesfall eingetreten, es hatte also etwas unternommen werden müssen, denn Dreiergrüppchen sind auf die Dauer eine ganz gefährliche Sache, das kennt man ja auch unter Menschen, bei drei Freunden ist meistens einer der Außenseiter. Sehr problematisch, diese Dreiergrüppchen! Keine Ahnung, wie die drei Musketiere, die drei Fragezeichen, das Kölner Dreigestirn usw. auf lange Sicht miteinander klarkommen, ich persönlich vermute ja, dass ein Blick hinter die Kulissen dieser Kultcliquen ein paar handfeste Skandale enthüllen würde!

Es kam also ein Ersatzvogel ins Haus, ein ganz kleiner, weißer, der keinerlei Ähnlichkeit mit dem Verstorbenen hatte. Das wäre uns nämlich zu weit gegangen, wenngleich mein Mann, der berüchtigte Dr. P., kurz darüber nachgedacht hat.

»Vielleicht fällt es ihr gar nicht auf«, spekulierte er, »dass das nicht der alte Grüne ist.«

Für so abgestumpft hielt ich das hinterbliebene Vogelmädchen jedoch nicht, sodass die Entscheidung letztendlich auf das ganz und gar unähnliche, etwas schwanenhafte neue Tier fiel. Wie sich rasch herausstellte, sah es nicht nur fremdartig aus, es zeigte zudem ein dem Gebaren des Verblichenen nahezu entgegengesetztes Verhalten.

198

Einfacher zu handhaben und insgesamt sehr ruhig:
Künstliche Vögel!

Während die übrigen Vögel tage-, ja, wochen-, mitunter gar monatelang brauchen, bis sie sich mit Veränderungen arrangieren, neue Spielzeuge in Betrieb nehmen, sich an unbekannten Orten niederlassen usw., beanspruchte das frisch eingezogene Tier bereits am ersten Tag die Futternäpfe, den Wassernapf, die Schaukel, den Spielbaum und sämtliche Wohnzimmermöbel für sich ganz allein. Vollkommen furchtlos irritierte es seine Artgenossen mit seinem zielstrebigen Erkundungstrieb, man fand es wieder in Blumentöpfen, Hängeteelichthalten und auf Ziergesimsen.

Seinem neuen Schwarm flößte es damit große Angst ein und es dauerte lange, bis man sich zusammengerauft hatte. Mittlerweile bilden die Vögel eine Parallelgesellschaft in unserer Wohnung, die in schönster Eintracht Tapeten, Putz und dekorative IKEA-Aufbewahrungselemente zerstört, Stofftiere erlegt und einem überall reinredet, zum Beispiel beim Telefonieren. Gesprächspartner hören seitdem oft: «Moment, ich geh mal eben woanders hin, die Vögel sind so laut!«

Aber hübsch sind sie, das stellte sogar mein Vater fest, als er den neuen Vogel begutachtete.

»Ein schönes Tier«, befand er.

Genau. Darum spricht man ja auch von Ziervögeln und nicht von Innere-Werte-Vögeln.

Streitlustige Kleinstlebewesen

Sehr lange Zeit verzichtete ich auf ein eigenes Auto, aber nicht freiwillig. Ich bin von Natur aus ein großer Freund des Autos, wobei man dazusagen muss, dass ich mich kaum mit der äußeren Gestalt, noch weniger jedoch mit den inneren Werten dieser schönen Hervorbringung des Industriezeitalters auskenne. Das liegt daran, dass ich so schlecht sehe. Wobei, schlecht sehen ist eigentlich falsch, schlecht sehen trifft es überhaupt nicht, es ist vielmehr so, erklärte mir mal eine freundliche Optikerin, dass der Brennpunkt bei mir an anderer, im Hinblick auf die Fernsicht ungünstigen Stelle säße.

Das ist jedoch für mich persönlich gar kein Drama. Ich bin ganz zufrieden. Ohne Sehhilfe kann ich alles Mögliche erkennen, wenn ich mich nur dicht genug an das zu untersuchende Objekt dränge. Kleinstlebewesen, Keime, Mikrokosmen! Ich kann, wenn ich mir ein bisschen Mühe gebe, sogar sehen, ob Milben und Mikroben sich wohlfühlen, einen schlechten Tag haben oder gerade streitlustig sind. Es geht um, sagen wir mal, die Milben und Mikroben im Kopfkissen, man weiß ja, dass Millionen und Abermillionen von Milben und Mikroben in den Kopfkissen der Menschen hausen, was keine schöne Vorstellung ist, wirklich nicht. Nicht genug damit, dass man nachts, wie es immer heißt, gelegentlich mal eine Spinne verschluckt und verspeist, das könnte man ja vielleicht noch verhindern, zum Beispiel durch das Tragen eines Mundschutzes. Nein, jetzt muss man sich auch noch Gedanken um die Tierwelt im Kopfkissen machen, obwohl man das eigentlich auch weiß, bloß spricht man nicht so oft darüber wie über die Angelegenheit mit dem nächtlichen Spinnenessen.

So muss man sich Kurzsichtigkeit vorstellen!

Vom nächtlichen Spinnenessen hat ja jeder schon mal gehört, bei Geselligkeiten, über Arbeitskollegen oder von Leuten, die es gern haben, wenn sie andere mit ihren Geschichten gruseln können. Das sind übrigens unter Garantie die gleichen Leute, die über Videos lachen, welche Missgeschicke wiedergeben, und dann erfreut ausrufen: Schadenfreude ist die schönste Freude!

Wenn man aber so originell brennpunktverschobene Augen hat wie ich, die sich auf extremste Nahsicht eingeschossen haben, hat man die Möglichkeit, sich mit den angesiedelten Milben und Mikroben in verhaltenstherapeutischer Weise auseinanderzusetzen und anzufreunden. Allerdings kann man sie schlecht über die Hand laufen lassen, das muss ich schon einmal vorausschicken. Bei Spinnenangst geht das ja so: Erst eine kleine Spinne von Weitem begucken, dann eine größere Spinne von Weitem begucken, dann eine größere Spinne von Nahem begucken, dann eine größere Spinne über die Hand laufen lassen. Zuletzt: eine Vogelspinne über die Hand laufen lassen.

Das geht mit Milben und Mikroben leider nicht, es gibt sie alle nur in klein. Das wäre ja sonst wohl auch schon mal aufgefallen, wenn ständig handtellergroße Nutznießer im Kopfkissen hockten. Wenn Sie aber schlimm kurzsichtige Augen haben, mit, nehmen wir mal an, mindestens minus neun Dioptrien, dann können Sie am Leben und Wirken Ihrer winzigen Mitbewohner teilhaben und, mit ein bisschen Wohlwollen, sie durchaus liebgewinnen.

Wenn man einmal beobachtet hat, wie eine Milbe von der Arbeit nach Hause kommt, herzlich Frau und Kinder begrüßt, die schon Essen gemacht haben, da geht einem das Herz auf. Wie schön, wenn die ganze Familie harmonisch den selbstgemachten Nachtisch genießt! Danach führt der muntere Trupp möglicherweise gute Gespräche, darüber kann man aber nur spekulieren, denn dazu bräuchte es feinere Ohren als meine, die Ohren einer Fledermaus oder eines Luchses vielleicht.

Jetzt bin ich ganz vom Auto abgekommen. Das macht aber nichts, war nicht so wichtig. Ohne jegliche Sehhilfe sind Autos in meiner Welt unförmige, sich rasch bewegende, leicht gespenstische Erscheinungen. Jedenfalls bekomme ich bald wieder eins, nach vielen Jahren der Bahnfahrerei, ich bin schon ganz gespannt. Ich werde versuchen, im neuen Auto keinen Müll zu lagern und keine Stalagmiten und Stalaktiten aus geschmolzenen Kaugummis entstehen zu lassen, so wie in meinem allerersten Auto. Aber das war ja auch Punk.

Bekanntschaften im Schienenersatzverkehr

Einmal ging ich auf Reisen, nach Frankfurt, mit dem Nahverkehr. Dabei schloss ich so viele Bekanntschaften, dass ich meine Erfahrungen, ja, meine unterbewussten Kontaktfindungsstrategien, die offenbar ganz unbemerkt und urplötzlich zutage getreten sind, obwohl ich es gar nicht beabsichtigt hatte, gern weitergeben möchte. Ich möchte andere Menschen daran teilhaben lassen, damit sie, im besten Fall, an der großen Liebe oder einem neuen Freund nicht vorbeirauschen wie die Wolken am Firmament. Schön, fern, flüchtig, gleichgültig! Ich möchte die Welt mit etwas mehr Menschlichkeit anreichern, gerade in Zeiten wie diesen, Nostradamus und die Mayas wissen schon, was ich meine.

Ich brach also auf nach Frankfurt, los ging es mit dem Bus, zum Bahnhof. Noch vor der Haltestelle fing mich ein Mormonenmädchen ab, auf seinem Namensschild stand Sister. Den Namen selbst habe ich mir leider nicht gemerkt. Das Mädchen sah sehr jung und modern aus, auch gebildet. Zudem war es sehr freundlich und lud mich zu einem Mormonentreffen nach Dortmund ein. Ich konnte mir jedoch nicht helfen, ich musste immerzu an Twilight denken, beziehungsweise an die Autorin von Twilight, über die man in erster Linie weiß, dass sie aus mormonischen Gründen Sex vor der Ehe ablehnt. Wieder eine dieser Informationen, die man nie erhalten wollte und die sinnlos das Hirn verstopft und einen davon abhält, zum Beispiel über Organspenden oder die Bekämpfung von Gewalt nachzudenken.

All diese Überlegungen lenkten mich stark ab, was ich bedauerte, denn ich wäre dem Mädchen gegenüber gern nett und aufmerksam gewesen. Die Fahrt war allerdings nur kurz, da musste ich auch schon aussteigen. Und um auf das Thema zurückzukommen: Das Mädchen wäre sicher keine schlechte Partie für einen jüngeren Mann gewesen, über alles Weitere wird man sich ja wohl einigen können, wenn man sich sympathisch ist.

Meine nächste Bekanntschaft war eher etwas für den älteren Herrn. Es handelte sich um eine Dame, die auf dem Weg zur Buchmesse war, wie ich. Sie stellte mir ganz unverhofft eine etwas extravagante, auf ihre Weise aber auch schöne Frage: »Sie sind aber schick angezogen, sind Sie auch so ein Mangatyp?«

Wenn man sich als Herr gern von dieser Dame ansprechen lassen möchte, empfehle ich ein gepflegtes Äußeres, eventuell gepaart mit Lidstrich, Piercings und Stehhaaren. Der Phantasie sind da keine Grenzen gesetzt!

Die darauffolgende Bekanntschaft nahm ich selbst in die Hand. Ich befand mich bereits auf dem Rückweg. Der Hinweg hatte mich über Hagen bis zu einem Siegener Vorort, mit dem Schienenersatzverkehr zum nächsten Siegener Vorort, Siegen-Weidenau, von dort aus mit dem Zug weiter nach Siegen, von Siegen nach Gießen, und von Gießen nach Frankfurt geführt. Das hatte sechseinhalb Stunden gedauert. Nun stand mir das Gleiche noch einmal bevor, bloß rückwärts. Es wäre nützlich gewesen, wenn man den Tag einfach hätte zurückspulen können, wie eine Kassette. Aber nein, da ist die Technik noch nicht so weit.

Jedenfalls: Mein Handyakku war fast alle und ich hatte keinen richtigen Sitzplatz, nur einen Klappsitz an der Tür/am Klo. Das war schade, denn hinter Siegen fangen die Züge an, über Steckdosen an den richtigen Sitzplätzen zu verfügen. Durch die ständige Gesellschaft abgehärtet, fragte ich ein hilfsbereit erscheinendes

Grüppchen, das den gegenüberliegenden Viererplatz besetzt hielt: »Darf ich mal kurz an Ihrer Steckdose mein Handy aufladen?«

»Selbstverständlich!«, antwortete das Grüppchen wie aus einem Munde und hob seine kleinen Feiglinge zum Gruße. Das fand ich nett.

Als es zur nächsten Verzögerung kam, wie es nicht anders zu erwarten gewesen war, wollte mich das Grüppchen mit dem Auto gleich bis in die nächste Stadt mitnehmen. Das wollte ich aber nicht, wegen der kleinen Feiglinge, die sie während der Fahrt in großer Zahl genossen hatten. Aber trotzdem: Eine schöne Reisebekanntschaft, diese fröhlichen Trinker!

Bahnhöfe = Freiheit!

Mieten, Kaufen, Wohnen
in Hamm i. Westf.

Einmal wollte ich im Fernsehen auftreten.

Ich habe viele wunderliche Eigenschaften, dachte ich bei mir, zum Beispiel kann ich mir einen Fuß hinter den Kopf klemmen, aber nur im Sitzen, für den Chinesischen Nationalzirkus wäre das also schon mal nichts, dort sind andere Attraktionen gefragt.

Das Fernsehen hat jedoch geringere Ansprüche, das weiß ich, schließlich gucke ich oft und gern Reality-Sendungen, allerdings keine mit Gericht oder Psychologin. Egal. Was kann ich noch? Poledance: Fehlanzeige. Jonglage: Auch nicht. Panflöte: Nein.

Aber was dann? In vielen Formaten sind ja eher gewöhnliche Talente gefragt, zum Beispiel Kochen. Das ist wiederum auch nichts für mich, kochen können ja die meisten, da kann ich mir das sparen. Ich lade mich einfach überall ein. Zum Glück habe ich viele Freunde, die darauf brennen, ja, sich regelrecht darauf versteift haben, ständig neue Rezepte auszuprobieren. Deshalb kehre ich mal hier ein, mal dort ein. Und die Menschen sind so dankbar! Sie freuen sich, wenn es mir schmeckt.

Das half mir jedoch nicht weiter auf der Suche nach der passenden Sendung für meinen ersten Fernsehauftritt. Ich kam auf keinen grünen Nenner mit mir selbst! Ratlos blickte ich mich um in meinem unterirdischen Geheimlabor, in dem schon viele wichtige Erfindungen entstanden sind, wie das Radio, das Internet, Tetris. Hab ich mir alles selber ausgedacht. Alleine. Ich will damit aber nicht hausieren gehen, das tun nur Angeber. Ich hingegen erfinde und schweige.

Und da fiel es mir ein! Der Putz staubte, die Wollmäuse rasten nur so über den Boden wie die Irrwische, wenn ich mich bewegte. Mieten, Kaufen, Wohnen, dachte ich, das ist es!

Ich also schnell mal kurz eine Mail hingeschickt: Supererfinderin sucht neues Nest für die Arbeit und zum ausgiebigen Angry-Birds-Spielen in ihrer raren Freizeit.

Das zog! Sekunden später erhielt ich bereits Antwort. Man schlug mir einen Drehtermin vor! Jetzt wurde es mir aber doch ein bisschen bang. So geht das nicht, dachte ich, ich kann nicht im Fernsehen kommen, ohne vorher wochenlang darüber nachgedacht zu haben, was ich anziehe.

Hoheitsvoll sagte ich ab. Die Fernsehleute ließen jedoch nicht locker und behelligten mich unablässig mit Anrufen und elektronischer Post. Sie wollten mich, was man ja auch gut verstehen kann, im Vergleich zu mir sind schließlich alle männlichen Stripper, Rapper und Millionäre, die sonst immer durchschnittliche Villen und Penthäuser mit Whirlpools suchen, nichts als fahle Mauerblümchen! Nichts als biedermeierliche Langweiler, farblose Geschöpfe, graue Mäuse wie sie im Buche stehen!

Na gut, dachte ich schlussendlich, wenn sie also unbedingt wollen, dann tue ich ihnen den Gefallen und mache mit. Ich hatte überhaupt nicht mehr das Gefühl, mich selbst beworben zu haben. Ich hatte das Gefühl, ganz kurz vor dem eigenen Stern in Hollywood zu stehen.

Und urplötzlich war es auch schon so weit. Ehe ich mich versah, lungerte das Filmteam bei mir zu Hause in der Wohnung herum und haute mit seinem Equipment überall gegen.

»Wir haben aber eine gute Versicherung«, sagte es, »brauchst du vielleicht irgendwas neu?«

Während meine gegenwärtigen Lebensumstände aufgenommen wurden, sollte ich mich vor dem Spiegel ein bisschen zurechtmachen. Dann wurde ich aufgefordert, zum Klavier zu schreiten und mich dort niederzulassen. Mit Grausen dachte ich daran, was ich zu dieser Szene zu sagen hätte, wenn ich die Stimme aus dem Off wäre, die immer alles kommentiert.

Als ich einige Male hin und zurück geschritten war, machten wir uns auf zur ersten Immobilie.

»Wintergarten«, beschwerte sich der Regisseur, als er nach einer kurzen Inspektion in den Hausflur trat, »wo soll denn da ein Wintergarten sein?«

Eine Nachbarin lugte neugierig aus der Tür.

»Ziehen Sie hier ein?«, fragte sie.

»Nein«, antwortete der Makler, »ich bin der Makler. Also, nur der Fernsehmakler.«

»Aha«, sagte die Nachbarin.

Es war nicht ersichtlich, was sie von dieser Auskunft hielt.

Aus dem Fenster hatte man eine schöne Aussicht, die leider etwas verunstaltet wurde von einem Gebäude, das der Makler nicht zuordnen konnte. Da fiel ihm etwas ein.

»Mir ist da gerade ein Witz eingefallen« verkündete er verschmitzt, «guck mal, weißt du, was das ist?«

»Ja«, sagte ich.

»Was denn?«, fragte der Makler zurück.

»Ein Bunker«, sagte ich.

»Ach so«, sagte der Makler enttäuscht, »kannst du nicht sagen, dass du das nicht weißt?«

»Nein«, entgegnete ich, »das weiß hier jeder, dass das ein Bunker ist.«

»Hm«, murrte der Makler, »sonst hätte ich sagen können: Das ist die Hamm-Burg!«

Nach zwei Tagen und vielen mehrfach wiederholten Witzen waren wir fertig. Die Folge ist sehr schön gewesen, nur vermisste ich im Nachhinein den Hamm-Burg-Witz ein bisschen. Vielleicht hätte er doch einen gewissen Charme gehabt.

Ich bin gespannt, wann sie sich wegen des Sterns melden, die Hollywooder.

Kein Wintergarten, keine Hamm-Burg.

Frühstücksbrötchen, hoch wie Eiffeltürme!

Heute möchte ich Sie das Fürchten lehren, und ich ahne, es wird mir gelingen.

Achtung, liebe Kinder, an dieser Stelle mal lieber nicht so genau hinlesen, dieser Bericht ist ab achtzehn! Mindestens ab achtzehn, vielleicht sogar besser ab einundzwanzig, ursprünglich war ja alles ab einundzwanzig, und dann ging es plötzlich los mit dem Jugendwahn, ohne ersichtlichen Grund übrigens.

Ganz ehrlich: Fühlen Sie sich wohl als Beifahrer eines Achtzehnjährigen, fühlen Sie sich sicher und behaglich? Achtzehnjährige fahren grundsätzlich so schnell es geht, das weiß ich aus eigener Erfahrung. Glauben Sie ferner, dass die Achtzehnjährigen wissen, was sie tun, wenn sie vergnügt in der Gegend herumheiraten? Und haben Sie den Eindruck, Achtzehnjährige gehen verantwortungsvoll mit Schnaps um?

Ich jedenfalls habe keine Zahnzusatzversicherung, was ich aktuell sehr schade finde. So kam es nämlich, dass ich mich einer Behandlung unterziehen musste, die die Zahnärzte und ihre Kumpels, die Kieferchirurgen, Knochenaufbau nennen, ein stark verharmlosender, um nicht zu sagen: verniedlichender Begriff, denn Knochenaufbau meint in Wahrheit nichts anderes, als dass ganze Knochenblöcke von einem Ort zum anderen verfrachtet werden, wofür sie eigentlich nicht vorgesehen sind, Knochenblöcke halten es in dieser Hinsicht wie die Bäume und verweilen am liebsten zeitlebens an einem Fleck.

Hätte ich eine Zahnzusatzversicherung, eine gute, versteht sich, hätte ich mir den künstlichen Zahn, auch als Implantat bekannt, bereits direkt reinwemsen lassen können, nachdem sein originaler Vorgänger hatte entfernt werden müssen. Dies schob ich jedoch auf, denn neue Zähne kosten ungefähr so viel wie schicke Autos, edle Reitpferde, Kreuzfahrten, Juwelen. Fehlstellen im Gebiss führen jedoch zu Beschwerden, sodass ich mich schlussendlich für den Zahn und gegen das Pferd entschieden habe.

Leider zieht längeres Zaudern einen gewissen Knochenschwund nach sich, und so verabredete ich mich notgedrungen zu erwähntem Eingriff. Ich erlebte ihn bei vollem Bewusstsein.

»Jetzt machen wir den Zahnfleischschnitt«, verkündete der Kieferchirurg.

Sofort machte er seine Drohung wahr, denn ich sah, wie jede Menge Blut durch den Absaugschlauch rauschte.

»Und jetzt lösen wir das Zahnfleisch ab«, sprach der Mann unbekümmert weiter.

Ich litt augenblicklich unter meiner stark ausgeprägten Phantasie.

»So«, setzte der Kieferchirurg zu neuen Schrecklichkeiten an, »das ist die Ultraschallsäge, damit machen wir einen ganz feinen Schnitt in Ihren Knochen!«

Entsetzliche Geräusche ertönten. Dann hielt mir der Kieferchirurg seine Trophäe vor die Nase.

»Hier haben wir den Knochenblock«, erläuterte er »den schrauben wir jetzt an!«

Der Knochenblock war überraschend weiß und sauber, man bekam fast Lust, ein Figürchen daraus zu schnitzen.

»Passt wie Arsch auf Eimer«, freute sich der Kieferchirurg, »geben Sie mir mal den Schraubenzieher?«

Damit war nicht ich, sondern die Geräteanreicherin gemeint.

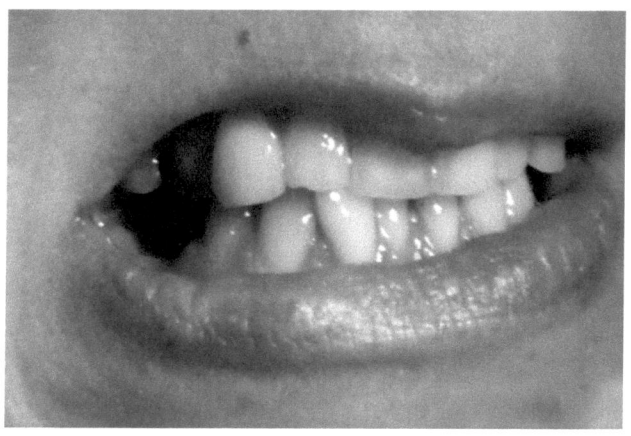

Zukünftig ehemalige Zahnlücke.

Nach weiteren Maßnahmen wie zum Beispiel Schleifen, Schleifen und Schleifen, wurde sehr lange alles wieder zugenäht.

Das war vor ein paar Tagen. Seitdem kommt mir alle Nahrung sehr hoch vor, aus meiner Perspektive erscheinen Kuchenstücke, Schaumküsse und goldgelbe Frühstücksbrötchen wie kleine Eiffeltürme. Aus diesem Grund bestellte ich bei Hallo Pizza eine Margherita for Kids, ihrer Kleinformatigkeit und Flachheit wegen. Ergänzend gab es dazu eine Wundertüte, nach Geschlechtern sortiert. Auf den Wundertüten für Mädchen steht »Iss für Prinzessinnen«, gewöhnlich beinhalten sie rosa Klimbim oder Hello-Kitty-Merchandise, das kann ich alles gut gebrauchen.

Doch diesmal kam es anders. Diesmal fanden sich in der Wundertüte ein Schwein und ein Nilpferd sowie ein Kartenspiel zum Thema Landmaschinen. Für mich persönlich schade, ich spiele keine Kartenspiele mehr, seit ich als Kind immer gegen meine Cousins beim Auto-

Quartett verloren habe. Man kann sich ausrechnen, wie ich da erst bei den Landmaschinen abschneiden würde. Aber davon abgesehen möchte ich den Hallo-Pizza-Leuten ganz herzlich zu ihren girlpowermäßigen, gleichberechtigenden und modernen Wundertütenbefüllungsmethoden gratulieren! Super macht ihr das, weiter so!

Gespensterfisch im Superhaufen

Unermüdlich ist mein Wissensdrang, was das Universum angeht. Daher sehe ich so gern Universumssendungen. Ebenfalls sprechen mich neuerdings Tiefseesendungen an, ich erschließe gerade ganz neue Interessen. Zuvor hatte ich das Leben im Wasser, das der blaue Planet, das Wunder Erde, der Stern der Herzen in Hülle und Fülle hervorbringt, innerlich vollkommen vernachlässigt. Niemals zählte ich zu den Freunden der Aquaristik. Fisch und Alge konnten mich nicht begeistern, wir koexistierten in Frieden, jedoch ohne Notiz voneinander zu nehmen.

Dann aber sah ich meine erste Tiefseesendung. Ich war krank und daher an den Fernseher gefesselt. Zum Lesen zu schwach, musste ich mit dem mir gebotenen Programm vorliebnehmen. Wie so oft blieben nur noch die Nachrichtensender! Leider halten sie häufig nicht, was der Name verspricht, gern werden stattdessen Dokumentationsreihen gezeigt, in denen entweder der Gröfaz auftritt, oder aber es um U-Boote oder andere Wunderwerke der Technik geht. Das kann man nicht immer ertragen.

Diesmal jedoch war alles anders. Keine Dinosaurier, keine schlimmen Schergen, nichts. Stattdessen: Tiefsee. Wie ich den Erläuterungen aus dem Off entnahm, hatte die Wissenschaft bislang angenommen, in der Tiefsee sei nicht viel los, Geschöpfliches sei hier dünn gesät, die Pflanze liebe das Licht, das Tier auch, in der Tiefsee aber sei es finster und unbekömmlich und somit trostlos. Diese Einschätzung sei jedoch falsch gewesen, informierte mich der Sprecher, es wimmele im Gegenteil nur so vor Fremdartigem, und das Fremdartige habe sogar Augen und Gesichter, man hätte es nie für möglich gehalten.

Besonders eindrücklich seien die Augen des Gespensterfisches, er habe einen ganz und gar transparenten Kopf, aus dem gewaltige Augen herausblickten, bevorzugt blickten sie nach oben. Das kam mir ganz logisch vor, schließlich lebt der Gespensterfisch eher unten, während seine Beute vermutlich eher oben durch die Gewässer bummelt. Ferner gab es einen unterseeischen, von Muscheln besiedelten Strand, der einen stark salzhaltigen Unterwassersee vom Rest der Umgebung abgrenzte.

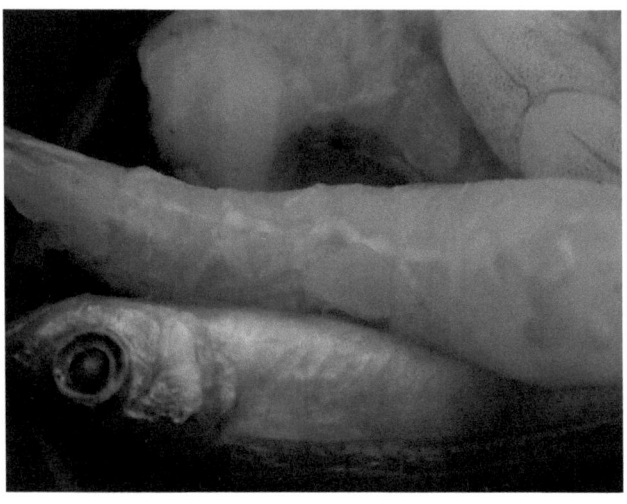

Keine Gespensterfische, aber auch nicht schön!

Gespenster ja, Fische nein.

Nachdem ich so viel gelernt hatte, beschloss ich, mir künftig weitere Tiefseesendungen nicht entgehen zu lassen. Eines Tages, dachte ich schwelgerisch, werde ich über die Tiefsee so genau Bescheid wissen, wie über das Universum. Über das Universum weiß ich inzwischen nämlich sehr genau Bescheid, und zwar dank BBC. Die BBC-Dokumentations-Regisseure haben das große Talent, belanglos erscheinende oder sogar unattraktive Sachverhalte mit schönen, leicht irrational wirkenden Worten und Bildern zu umkleiden, dass es eine Freude ist. Zwar beschleicht den Zuschauer regelmäßig das leicht schaurige Gefühl, die vorgestellten Experten seien vor dem Dreh der Einnahme bewusstseinserweiternder Substanzen ausgesetzt worden, doch verzeiht man ihnen dies leicht. In einer wunderbaren Universumssendung, einer der besten überhaupt, schade eigentlich, dass ich mir nie die Titel merke, wurden die referierenden Forscher von den BBC-Leuten gefragt, welches ihre Lieblingsgalaxien seien. Keinen der Forscher schien diese Frage zu irritieren, alle antworteten wie aus der Pistole geschossen. Ganz hoch im Kurs lag die Milchstraße.

Aus dieser Universumssendung kenne ich auch den Begriff des Superclusters. Ein Supercluster besteht aus verschiedenen Ansammlungen von Galaxien, den so genannten Clustern. Unser Supercluster, das die Milchstraße enthält, heißt Virgo Supercluster. Das klingt so hübsch, man hätte nach ihm gleich eine Siebzigerjahre-Glamrock-Band benennen können. Ich war jedoch sehr enttäuscht zu erfahren, wie das Virgo Supercluster auf Deutsch heißt. Es heißt: Virgo-Superhaufen. So würde niemand eine Siebzigerjahre-Glamrock-Band nennen. Vielleicht passen die deutschen Begriffe einfach besser zu deutschen Unterhaltungserscheinungen. Der Virgo-Superhaufen beinhaltet zum Beispiel unter anderem die Maffei-Gruppe. Oder Maffay-Gruppe?

Na ja. Warum auch nicht.

Bäuerischer Flieger,
herrschsüchtiger Tunichtgut

Einmal musste ich mit dem einen der vier Vögel zum Arzt.

Hoffentlich, dachte ich, fragt mich der Arzt nicht nach dem Namen des Vogels. Das passiert nämlich oft. Immer wenn jemand zu Besuch kommt, der die Vögel noch nicht gesehen hat, stellt sich unweigerlich die Frage: Wie heißen sie denn?

Als seien unsere Vögel fremde Planeten oder unerforschte Erdteile wie vom Menschen noch nicht behelligte Inseln. Sind sie aber nicht. Sie sind eher eine Art Familienmitglieder, wie Eltern oder Tanten, und wir gehören nicht zu den Leuten, die ihre Eltern beim Vornamen nennen. Ich weiß, das gibt es. Aber nicht bei uns.

In meiner Familie werden einige Angehörige sogar nach Städten bezeichnet. So hieß, ich erwähnte es bereits, meine eine Oma zum Beispiel Oma Soest. Und warum auch nicht? Ich wusste immer, wer gemeint war, und das ist ja die Hauptsache.

Trotzdem reagiert der Besuch häufig mit Unbehagen, wenn er erfährt: Die Vögel haben keine Namen. Doch wovor fürchtet sich der Besuch? Vor der wilden, unkontrollierten Natur, die namenlos wie die Löwen, Zebras und Gnus der Steppe durch unsere Wohnung vagabundieren? Dabei sind die Vögel ganz normale Einheimische, zwar mit Migrationshintergrund (Australien), aber in Deutschland zur Welt gekommen und aufgewachsen und daher bestens mit unseren Sitten, Gebräuchen und Ernährungsgewohnheiten vertraut. Sie unterscheiden sich in dieser Hinsicht also nicht von Hansi, Peter, Mucki.

Vögel. Alle ohne Namen.

Ganz plötzlich jedenfalls zeigte der eine Vogel ein untypisches Verhalten. Als Wellensittich ist er ein eher taumeliger Flieger, zumindest im Vergleich zum Kanarienvogel oder zum Kranich. Eleganz ist dem Wellensittich fremd, ebenso wie der wohltönende Gesang. Der Wellensittich ist laut und unternehmungslustig, und er unterwirft gern seine Artgenossen, indem er sie vom Futterpöttchen verscheucht und grundsätzlich als Erster einen Imbiss einnimmt, auch wenn er gar keinen Hunger hat.

Auf einmal, völlig unverhofft, geschah es. Überraschend beendete der zwar etwas füllige, ansonsten aber sehr fidele eine Vogel seinen bäuerischen Flug auf dem Boden. Dort ging er ein paar Schritte zu Fuß, nahm Anlauf und trudelte ein wenig in Knöchelhöhe hin und her, bis er schließlich erneut zur Landung ansetzte und sich verdutzt umblickte. Obwohl er über kein speziell sympathisches Wesen verfügt, sondern als herrschsüchtiger Tunichtgut überall Streit anzettelt, weckte er sofort mein Mitgefühl, wie er so hilflos auf dem Laminat festsaß. Behutsam hob ich ihn auf und setzte ihn auf dem Käfigdach ab, wo er für den Rest des Tages stehenblieb.

Am nächsten Morgen stand er immer noch am gleichen Fleck herum und ließ einen Flügel hängen.

»Vogel«, verkündete ich, »wir müssen zum Arzt! Mit dir stimmt etwas nicht.«

Ich befürchtete schon das Schlimmste. Selbst die anderen Vögel schwiegen (manchmal). Besorgt lockte ich den kleinen Patienten, wie die meisten Tierfreunde es ausdrücken würden, in die Transportbox und machte mich auf den Weg.

Im Wartezimmer herrschte reger Betrieb. Ein einäugiger Hund sowie eine Katze und eine auf der Straße gefundene Drossel mussten behandelt werden. Ich döste ein. Dann waren wir dran.

»Aha«, sagte der Arzt, der in Wirklichkeit eine Ärztin war, »noch ein Vogel!«

Die Ärztin nahm das sich wehrende Tier aus der Transportbox und tastete es ab.

»Flügel verstaucht«, sagte sie, »notfalls braucht er zwei, drei Tage Käfigruhe.«

Sie sperrte den Vogel wieder ein.

Gleich kommts, dachte ich, und hielt gespannt den Atem an, gleich kommts.

»Acht Euro bekomme ich von Ihnen«, sagte die Ärztin.

»Ach so«, sagte ich.

Zum Abschied beugte sich die Ärztin zur Transportbox herab.

»Das wird schon wieder«, sagte sie, »was, Mucki?«

Das Fahrrad und sein Freiheitsdrang

Das Fahrrad ist ein flüchtiges Gut, wie jeder weiß. Deshalb treffen wir Vorkehrungen, doch Schloss und Riegel können das Fahrrad nicht binden. Es ist wie ein Gespenst, eben lag es noch in schweren Ketten, und im nächsten Moment ist es auf mysteriöse und unerklärliche Weise entwischt. Wenn man das urplötzliche Verschwinden von Fahrrädern genauer betrachtet, kommt es einem beinahe esoterisch vor, ein bisschen wie die Sache mit den Kornkreisen und den UFOs. Inzwischen halte ich es sogar für möglich, dass Fahrräder eine eigenständige Persönlichkeit besitzen, die mit einer noch unerforschten Parallelwelt in Kontakt steht, die ihnen einen unstillbaren Freiheitsdrang eingibt.

Einen besonders starken Freiheitsdrang haben schöne und teure Fahrräder, alte und gebrechliche schließen sich, wenn man Glück hat, schon eher dem Menschen an und bleiben ihm treu. Aber nicht immer! Von schönen und teuren Fahrrädern halte ich mich sowieso seit Jahrzehnten fern, denn sie sind wie Fotomodelle, wankelmütig und verschlagen. Doch auch die alten und gebrechlichen, an denen noch die Klebefolie aus dem Jahr neunzehnhundertzweiundachtzig haftet, die keine Gangschaltung haben und einem nur bis zum Knie gehen, wehren sich mitunter gegen die Domestizierung.

Besonders intensiven Einflüsterungen aus der Parallelwelt, die die Fahrräder auf schlimme Gedanken und nicht selten auf die schiefe Bahn bringen, sind sie in Bahnhofsnähe ausgesetzt. Merke: Liebst du dein Fahrrad, lasse es nicht am Bahnhof zurück, auch nicht, um nur mal kurz ein schönes Sonntagsbrötchen oder ein Döschen Badeperlen einzukaufen.

Na ja, denken Sie sich vielleicht, zum Glück gibt es Versicherungen. Versicherungen gibt es mittlerweile ja gegen alles, gegen Zähne, gegen Brillen, gegen Rente, man kennt das. Großer Beliebtheit erfreuen sich auch Hausratversicherungen, Hausratversicherungen haben sogar Leute, die keine Versicherungen gegen Zähne, Brillen oder Rente haben, nämlich ich zum Beispiel.

Das Fahrrad ist also mal wieder über alle Berge, aber egal! Ich habe ja meine Hausratversicherung. Leider, sagt der Versicherungsmann, den ich glücklich nach zweistündigem Fußmarsch erreicht habe, sind Fahrräder aber kein Hausrat. Leider, leider. Ich könne jedoch eine Zusatzversicherung abschließen.

Grimmig knirsche ich mit den Zähnen und raufe mir aggressiv den Schopf. Der Versicherungsmann bleibt eisern. Also schließe ich eine Zusatzversicherung ab und kaufe mir ein Fahrrad, das mich mit lieben Augen ansieht und den Eindruck vermittelt, der häusliche Typ zu sein. Vorsichtshalber nehme ich es nur ganz selten mit an die frische Luft, damit es sich nicht erkältet, und vor allem, damit es nicht auf die Idee kommt, mit den anderen gen Süden zu ziehen, oder was immer die vielen vogelfreien Fahrräder so tun. Vielleicht gehen sie ja auch einfach nur in die Kneipe an der Ecke, aber da guckt natürlich keiner nach.

Wie dem auch sei, eines Abends verabschiede ich mich jedenfalls wie immer von meinem Fahrrad, dem ich eine Nachtfahrt nicht zumuten will, und gehe eine Freundin besuchen. Als ich zurückkomme, ist es verschwunden. Nanu, überlege ich, wie hat es die verdammte Haustür aufgekriegt? Darüber denke ich jedoch nicht weiter nach, sondern wende mich gleich vertrauensvoll an meine Versicherung.

Manchmal muss man durchgreifen!

Die Polizei hat mir bereits bescheinigt: Es liegt ein besonders schwerer Fall von Diebstahl vor. Diebstahl, genau, dass ich da nicht gleich drauf gekommen bin! Ich also nichts wie hin zum Versicherungsmann. Ach, sagt der Versicherungsmann, richtig, Sie haben ja eine Zusatzversicherung. Ich nicke eifrig und freue mich schon auf Schadensersatz.

Leider, sagt der Versicherungsmann, sind Fahrräder zu Hause zwischen zweiundzwanzig und sechs Uhr nicht versichert.

Ich erbleiche und mache ein bedrohliches Gesicht. Den Rest der Geschichte behalte ich lieber für mich, sonst nimmt sich die Jugend mit ihrer Freude an Gewaltvideos ein Beispiel an mir und ich werde zum schlechten Vorbild. Stattdessen möchte ich Ihnen einen Rat mit auf den Weg geben:

Vergessen Sie Versicherungen. Kaufen Sie sich ein Klapprad. Denn Klappräder, das weiß ich aus Erfahrung, sind die einzige Sorte Fahrrad, die niemals geklaut wird.

Niemals.

Mondlandung, psychedelisch!

Zum Glück ist die Mondlandungslüge ja längst aus der Welt. Man weiß ja, dass bisher kein Mensch jemals seinen Fuß auf die Oberfläche des Mondes gesetzt, geschweige denn ein Auto darauf hat umherfahren lassen. Und ich weiß es besonders gut, denn ich habe einstmals selbst versucht, den Mond zu bereisen. Aus diesem Versuch habe ich gelernt, dass dort oben zwar nicht viel los ist, aber doch mehr als immer behauptet wird.

Davon will ich heute berichten.

Ich begab mich wie jeden Morgen in mein unterirdisches Geheimlabor, das tief im Erdinneren liegt. Dieses Labor, mein zweites, ist noch relativ neu, und man erreicht es entweder mit dem Aufzug oder über die tausendstufige Wendeltreppe. Wenn zufällig gerade ein Einbrecher vorbeikommt, lösen die von mir persönlich konstruierten, hyperempfindlichen Multiradarsensoren im Eingangsbereich umgehend einen schrecklichen Alarm aus, gegen den die Geräuschkulisse der Hölle Stimmungsmusik ist. Wenn ich diesen Alarm vernehme, komme ich sofort auf meinem neuesten Zeitrafferboard angebraust, prügele den Einbrecher windelweich und schubse ihn in den Abgrund.

Doch zurück zur Beinahe-Mondlandung. Ich verschloss die atmosphärisch knarrende Tür hinter mir, knipste die Lavalampe an und betrachtete stolz meine Mondlandungsrakete. Erst wenige Wochen zuvor habe ich sie als Bausatz von einem russischen Scharlatan erworben, der nebenbei ein florierendes Inkassounternehmen betreibt. Natürlich war dem Mann nicht zu trauen, doch das hatte ich auch gar nicht vor, denn der Bausatz diente lediglich als Basisset für meine selbst ausgetüftelten Pläne. Vorn hatte die Rakete eine gewaltige, messerscharfe Schiffsschraube, die das mühelose Durchdringen des Erdreichs gewährleistete. Obenauf prangte eine original Piratenschiffgallionsfigur, an der Seite gab es einen Balkon, hinten war der Auspuff. Ich hatte sie liebevoll auf den Namen K.I.T.T. getauft, denn ich bin ein alter Knight-Rider-Fan.

Mondlandung mit modernster Technik I.

»Schon acht Uhr«, sagte ich zu K.I.T.T., nahm Platz auf meinem ergonomischen Pilotenschreibtischstuhl und rückte meine Fliegerbrille zurecht, »wir müssen los! Zum Tee kommt der Russe vorbei, der wird Augen machen, der alte Gauner, wenn er hört, dass wir auf dem Mond waren!«

Der Steuerungsbildschirm flackerte müde vor sich hin.

»Ich bin aber eher ein Nachtmensch«, protestierte K.I.T.T.

»Du bist überhaupt kein Mensch!«, bellte ich.

»Mit ein bisschen Phantasie schon«, murrte K.I.T.T. und begann endlich, sich in Windeseile durch die Gesteinsschichten zu fräsen.

Es ging alles so schnell, dass ich kaum Luft geholt hatte, als wir auch schon die Stratossphäre erreichten.

»Wow«, staunte ich, »ich bin noch begnadeter, als ich dachte!«

»Na ja«, sagte K.I.T.T., »ich kannte mal eine Rakete, die war doppelt so schnell wie ich.«

»Da ist er ja schon, der Mond«, freute ich mich und sah aus dem Fenster, »aber was ist das denn? Da ist ja alles abgesperrt?«

»Das ist die Demo«, sagte K.I.T.T.

»Welche Demo?«, fragte ich.

Es ruckelte, ich nahm an, dass K.I.T.T. die Achseln gezuckt hatte.

»Der Mond ist Naturschutzgebiet«, erklärte die Rakete, »schon seit zweihundert Jahren.«

»SEIT ZWEIHUNDERT JAHREN?«, regte ich mich auf, »warum sagst du das denn nicht vorher?«

»Sie haben nicht danach gefragt«, konterte K.I.T.T.

Jetzt konnte ich auch die Transparente lesen, die an der Absperrung klebten. Rettet die Mondkratereremiten, las ich, Menschen, geht nach Hause!

»Scheiße!«, schimpfte ich.

»Machen Sie doch ein Foto«, riet K.I.T.T., »für den Russen. Und für Facebook.«

Leider ist das Foto auf dem Rückweg verpufft, sodass ich mal wieder nichts beweisen kann. Schade.

Mondlandung mit modernster Technik II.

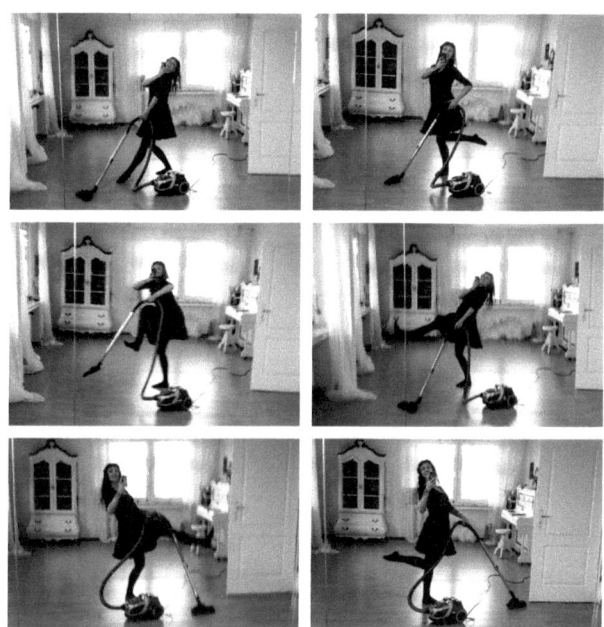

Bianca Stücker ist bereits seit langer Zeit auf der Welt und hat entsprechend viel erlebt. Da sie keine Hobbys hat, nutzt sie jede Minute für die Ausübung ihrer verschiedenen Berufe. Sie ist freie Autorin, Musikerin und Tänzerin, hat Musikwissenschaft, Kunstgeschichte und Geschichte studiert, ein Kirchenmusikexamen abgelegt und 2012 ihre Promotion an der Folkwang Universität der Künste in Essen abgeschlossen. 2007 wurde ihr Debütroman »Schaulaufen für Anfänger« als Fischer Taschenbuch veröffentlicht, 2012 ist ihr zweiter Roman »The Spooky Verona Freak Show« im Unsichtbar Verlag erschienen. Seit 2011 tätowiert sie (jetzt vernünftig!) und betreibt zudem das Studio 52 für Musik, Tanz, Literatur. www.bianca-stuecker.com

So hat alles angefangen:
Geburt, Kommunion, Karriere!